KB123710

박지원 읽기

세창사상가산책16
박지원 읽기

초판 1쇄 인쇄 2018년 1월 17일
초판 1쇄 발행 2018년 1월 24일
-
지은이 이민희
펴낸이 이방원
기획위원 원당희
편집 홍순용 · 김명희 · 이윤석 · 안효희 · 강윤경 · 윤원진
디자인 손경화 · 전계숙
마케팅 최성수
-
펴낸곳 세창미디어
출판신고 2013년 1월 4일 제312-2013-000002호
주소 03735 서울시 서대문구 경기대로 88 냉천빌딩 4층
전화 02-723-8660 　팩스 02-720-4579
이메일 edit@sechangpub.co.kr 　홈페이지 http://www.sechangpub.co.kr/
-
ISBN 978-89-5586-511-0 04150
　　　978-89-5586-191-4 (세트)

이 도서의 국립중앙도서관 출판시도서목록(CIP)은 서지정보유통지원시스템 홈페이지(http://seoji.nl.go.kr)와
국가자료공동목록시스템(http://www.nl.go.kr/kolisnet)에서 이용하실 수 있습니다. CIP제어번호: CIP2018001440

세창사상가산책 | 朴趾源

박지원 읽기

이민희 지음

16

세창미디어
MEDIA

머리말

세계적 대문호 괴테J. W. von Goethe(1749~1832)는 독일과 유럽
뿐 아니라, 전 세계인이 사랑하는 작가다. 그런 괴테와 동시대
를 살았던, 그러면서 그와 비견될 만한 조선의 문인으로 단연
연암燕巖 박지원朴趾源(1737~1805)을 내세울 수 있다. 연암과 괴
테. 이 두 사람은 서로를 몰랐지만, 18세기 중·후반의 지성계
를 문학적 글과 선구적 안목으로 선명하게 드러낸 문장가이
자 사상가였다.

독일 프랑크푸르트에서 태어나 자란 괴테는 20대 중반에
『젊은 베르테르의 슬픔』을 썼다. 이 책으로 괴테는 세계 최초
로 베스트셀러 작가가 되었다. 조선의 박지원은 노론 집안의

양반 자제로 서울서 나고 자랐다. 그리고 18세에 거지 광문에 대한 글 「광문자전」을 써서 그 재능을 인정받고, 20세 전후로 「예덕선생전」, 「민옹전」, 「마장전」 등 전傳 작품을 써서 그의 필력을 세상에 알렸다. 이처럼 연암과 괴테, 두 사람 모두 20대에 이미 글쓰기로 세상에 자신의 존재감을 알린 작가들이었다.

이뿐만 아니다. 두 사람은 각각 독일과 조선에서 젊은 나이에 문장으로 이름을 날리던 당시 동서문명의 심장부라 할 이탈리아 로마와 중국 북경을 각각 여행한 이력까지 공통적이다. 그리고 그 여행에서 경험하고 사유한 바를 쓴 『이탈리아 기행』과 『열하일기』는 두 사람의 대표작이자 기행문학의 걸작으로 평가받는다. 세계 중심부를 다녀온 뒤 쓴 이 기행문은 소위 '잘' 보고 '잘' 쓴 기행문학의 표본이다. 글로 이름을 날리고 당대뿐 아니라 후대까지 큰 영향을 미친 천재적 문장가가 몇 명이나 있을까?

독일 민담을 채록, 아름다운 동화로 만든 작가로 널리 알려진, 독일의 그림Grimm 형제 중 형인 야콥 그림Jacob Grimm은 괴테의 이탈리아 기행 코스를 따라 이탈리아를 여행했다. 『이탈리아 기행』이 당시 최고 로마 여행 안내서로 후대 문인들에게

로망으로 자리 잡았기 때문이었다. 괴테의 선배들이 다녀간 그 길을 괴테가 다녀갔고, 후배들은 괴테를 떠올리며 그곳을 다녀갔다. 문화 중심부로의 여행은 자기 각성의 순례길이자 기존 질서를 넘어서기 위한 도전과 자극의 통로가 된다.

조선의 많은 문인들도 연암이 다녀간 연행길을 더듬으며 그 의미를 부여코자 했다. 연암도 연행 선배들이 다녀간 그 길을 똑같이 지나갔다. 하지만 그는 여행 내용에 있어서만큼은 자신의 길을 만들었다. 그 길을 후배들은 연암을 떠올리며 무수히 지나갔고, 지금도 찾아간다. 당시 문인 지식인들에게 죽기 전에 꼭 한번 하고 싶은 소망, 곧 '버킷 리스트'가 되었던 곳. 괴테와 연암이 바로 이탈리아 로마와 중국 북경을 그렇게 현대와 만나도록 해 주었다. 로마와 북경은 지금도 여전히 세계 문화의 중심지로서 모든 문화정신의 원천이 되고 있다. 그 여행문에서 보여 준 문장은 자웅을 겨룰 만한 세기적 언어의 마술이 되었다.

국내에서 연암은 개혁적 사고를 글로 보여 준 진보적 지식인으로 요즘 말로 '엄지 척'의 대상이다. 그러나 정작 연암의 문학과 글의 진면목을 제대로 아는 세계인, 아니 한국인은 많지 않다. 중등교육 과정에서 교과서로 만난 것이 전부다. 게다가 연암의 정신세계와 글쓰기를 세계에 알리기 위한 노력 또한 부족했기 때문이다. 실제로 그의 능력이 괴테보다 못해서가 아니라 그에 대한 평가가 제대로 이루어지지 못하고 널리 알리지 못한 것이 더 크다. 이런 후학의 게으름과 상관없이, 연암의 일생과 그의 저작, 그리고 그의 사유세계는 세계 일류 문장가나 사상가와 비교해도 손색이 없다. 그를 좋아할 만한 이유는 백 가지도 넘는다. 백만 마디 설명보다 직접 연암의 글 한 편을 읽는 것이 더 효과적이고 가치가 있다.

2018년을 기준으로 238년 전인 1780년에 쓴 『열하일기』를 읽어 본 적이 있는가? 아니 교과서에 실린 작품 외에 『연암집』에 실린 길고 짧은 다양한 글들을 직접 찾아 읽어 본 적이 있는가? 아니 연암을 알아야겠다는 호기심 자체라도 가져 본 적이 있는가? 아직 연암과 그의 글을 제대로 만나지 못했다면, 현재의 당신은 불행한 사람이다. 그러나 설령 당신이 연암의 글을 읽었다 할지라도 미욱한 느낌이 들거나 왠지 모를 열등감에 빠져들었다면 당신은 정상이다. 연암의 글을 읽어 나가노라면 현대인조차 그 누구라도 그동안 미처 사유하지 못했던 내용과 방식을 자유자재로 구사하고 있음에 감탄을 자아내고 있을 것이 뻔하기 때문이다. 연암은 오늘날 여전히 잠자고 있는 현대인의 사유를 일으켜 세우고 있다.

나는 그것을 마르지 않는, 아니 한곳에 고이지 않는, 연암만의 '청년 정신'이라 부르고 싶다. 그렇다. 그도 한때는 청년이었던 것처럼 지금도 그의 문장과 비판적 시각은 여전히 현대인에게 청청하고 푸르게 다가오기 때문이다. 연암은 280년 전에 조선 땅에 태어난 과거의 사람이 아니라, 반대로 현대인보다 시대를 앞서 살며 최첨단의 사유를 펼쳐 보인 인생의 선배다. 자유분방한 기질을 주체할 수 없었던 별난 문장가로서가 아니라, 한 명의 위대한 정신적 스승이자 천재적 문인이요 실학자 중 한 명으로서 말이다.

40대에 북경과 열하를 여행하던 연암을 보라. 그는 육체와 정신이 고루해지고 기성세대라고 비판받기 쉬운 '아재'가 아니라, 마치 갓 세상에 태어나 보고 듣는 모든 것이 마냥 신기하고 흥미롭기까지 한, 그러면서 문제의식과 호기심으로 충만한 어린이 같은 정신과 장난기 넘치고 치기 어린 용기를 스펀지처럼 머금었던 청년과 같았다. 생물학적 나이는 숫자에 불과할 뿐, 정신적 나이는 날로 새로워져 간 연암을 발견할 수 있다. 연암은 자신의 사유와 논리를 글을 통해 오롯이 증명해 보이고자 했다. 연암의 여러 위대한 점들을 당신이 공유할 수 있다면 당신은 행운아다.

불확실한 미래에 대해 확신 없는 투자를 하며 팍팍한 삶을 살아가고 있는 대한민국 젊은이들에게 가장 큰 영양결핍은 바로 정신적 스승 내지 사상가의 부재다. 하지만 그런 스승이 없다고 남 탓, 현재 탓만 할 순 없다. 과거에서 현재의 스승을 찾으려는 노력도 힘껏 경주할 필요가 있다. 링컨이나 괴테, 톨스토이는 과거의 유산으로 머문 위인들이 아니다. 오히려 오늘날 미국이나 독일, 러시아인들의 정신적 스승이자 전 인류의 위인으로 현전하고 있음을 생각해 보라.

이 책은 200년의 시공간을 뛰어넘어 과거의 청년 연암과 현재 대한민국의 젊은이가 소통할 수 있는 기회를 주기 위해 집필되었다. 연암은 고리타분한 '기성세대' 또는 '꼰대'이기를 거부했던 이웃집 아저씨와 같다. 그를 오늘날 청년들에게 소개하고 싶었다. 연암이 바로 당신의 스승이 될 수 있다. 청년 정신, 이것이 연암의 가치다. 연암을 현재에 호명해 오늘날 젊은 이들과 대면할 수 있는 이유도 바로 여기에 있다. 넉넉히 기대 울고 토론하고, 고민거리를 나눌 수 있는 청년다운 스승을 만나 보길 권한다. 그러나 여기서 그려지는 연암은 결국 필자가 만난 연암에 관한 보고서이자 자화상이다. 필자가 그려 낸 연암의 초상인 셈이 된다. 따라서 독자는 필자의 시선에서 그려 내고 평가한 청년 연암을 비판적으로 읽어 내도 좋다.

이를 위해서는 먼저 연암의 글을 읽고 그를 만나는 것이 중요하다. 이 책에서는 연암의 글을 많이 접할 수 있도록 중간에 연암의 명문을 가급적 많이 인용했다. 이런 연암의 글을 읽은 후 만약 연암이 조금이라도 특별한 존재로 다가옴을 느끼는 행운을 맛보았다면, 연암에 관한 자신만의 상을 만들기 바란다. 그러면 뭔가 내 인생에 하나라도 끼워 넣을 만한, 배울 만한 가치가 있는 인생의 선배가 있었음에 삶이 즐거워질 것이다. 당신이 경험하는 놀라움은 고정 관념을 깨뜨릴 줄 아는 도전의식과 호탕한 기개로 연결될 수 있고, 4차 산업 혁명 시대에 자유분방한 사고와 일탈적 사유로도 나아갈 수 있다.

그 작은 안내자 역할을 이 책이 담당할 수 있다면 더할 나위 없이 기쁠 것이다. 시간 위에 올라선 한 뼘짜리 내 사유의 폭과 깊이가 얼마나 확장되었는지를 스스로 느낄 수 있게 될 것이다. 이미 당신의 인생은 보다 풍요롭고 개방적인 사고의 틀 안에서 작동할 수 있게 될 것이기 때문이다.

두 딸과 아내 정인은 내 글쓰기의 가장 강력한 원천이다. 두 딸 재인과 해인이 커 가는 모습을 보며 그들이 읽을 만한 책을 쓰고 싶다는 욕심 또한 커져만 간다. 가족에게 자신 있게 권할 수 있으려면 내 자신에게 떳떳할 수밖에 없다. 연암과 만나 즐거웠던 사연을 가족과 더불어 나눌 수 있어 행복하다. 가족에게 쓰는 내 마음속 편지를 이 책에 담았다고 자위해 본다.

2018년 무술戊戌 새해 아침에
경술생庚戌生 이민희 짓다

1

연암 박지원 연보

연암 박지원. 그는 누구인가? 한 사람의 일생과 성품, 그리고 공과를 제대로 이해하기란 쉽지 않다. 더욱이 지금까지 우리는 연암을 글과 작품으로만 만나 왔지, 그의 삶 자체에 관심을 기울이지는 않았다. 그렇기에 개괄적으로라도 연암의 생애를 훑어볼 수 있다면, 연암이 어떤 인물이었는지 가늠할 수 있는 최소한의 지식을 갖게 될 것이다. 주요 사건을 중심으로 연암 일생의 전체적 윤곽을 파악하는 것이 연암 사상의 면모를 이해하는 밑거름이 된다.[1]

■ **1737년(영조 13년) 음력 2월 5일 / 1세**   연암은 한양 반송방盤松坊 야동冶洞에서 부친 반남潘南 박씨 박사유朴師愈와 모친 함평咸平 이씨의 2남 2녀 중 막내로 태어났다. 반송방은 오늘날 서대문 밖 일대를 일컫던 한성부 서부 9방 중 하나다. 야동은 우리말로 '풀무골'이라 하는데, 오늘날 아현동 일대를 일컫는다. 연암은 조부 박필균의 집에서 태어나 어린 시절을 그곳

에서 보냈다. 연암의 부친 박사유는 아무런 벼슬도 하지 못한 상태에서 장남이었기에 조부를 모시고 조용히 지냈다. 어린 연암은 조부의 영향과 후광을 받으며 자라났다.

연암이 태어나자 집안사람 중에 누군가가 연암의 사주를 가지고 중국에 가 점쟁이한테 물어보았다. 연암의 사주를 본 중국의 점쟁이는 "마갈궁磨蝎宮에 속하는 이 사주는 한유韓愈와 소식蘇軾과 같소. 그러나 고생을 많이 할 것이오. 반고班固(『한서』의 저자)와 사마천司馬遷(『사기』의 저자)처럼 뛰어난 문장 능력은 타고났지만, 이유 없이 비난을 당할 것이오"[2]라고 했다. 사주만 가지고 연암이 중국 당송 팔대가 중 두 사람인 당나라 시인 한유와 송나라 시인 소식과 비견할 만하고, 중국 최고의 역사가인 반고와 사마천의 문장에 비견될 만한 능력을 지니고 있다고 본 것이다. 연암이 까닭 없이 비난을 당할 거라 한 것은 『열하일기』 집필 후 정조의 문체반정에 따른 검열과 통제를 예견한 것이라 할 것이다.

■ **1739년(영조 15년) / 3세**　　연암과 나이 차이가 많았던 형 박희원朴喜源이 장가를 갔다. 16세의 나이로 박씨 집안으로 시집온 형수는 궁핍한 살림에 부모의 보살핌을 제대로 받지 못

한 연암을 친어머니처럼 돌봐 주었다. 훗날 형수가 죽었을 때 연암이 누구보다 슬퍼한 것도 연암의 어린 마음속에 형수가 크게 자리 잡고 있었기 때문이었다.

■ **1741년**(영조 17년) **/ 5세**　　연암은 부모보다 조부 박필균의 보살핌을 받으며 자라났다. 경기도 관찰사를 비롯해 사헌부 대사헌, 예조 참판 등 고위 관직을 두루 지낸 박필균은 친아들보다 총명한 어린 손자 연암을 무척 귀여워했다. 그러나 조부는 외롭고 어린 연암을 불쌍히 여겨 일부러 글을 가르쳐 주지 않았다. 그렇기 때문에 연암은 16세에 장가갈 때까지 별다른 글공부를 하지 않았다.

반남 박씨는 조선 후기 당시 노론의 핵심 집안으로 많은 권세를 갖고 있었다. 그도 그럴 것이 연암의 조부인 박필균은 영조 이후 30여 년 간 고위직을 두루 역임한 정계의 거물이었다. 조부의 족형인 박필성과 연암의 8촌 형인 박명원은 임금의 부마였다. 즉, 연암이 자제군관으로 북경에 갈 때 사절단을 이끌었던 정사 박명원이 바로 영조의 사위였던 것이다. 그러니 연암 딴에는 어깨에 힘깨나 들어갈 법한 왕실의 인척이었던 것이다. 양반 중의 양반으로 큰 결격 사유가 없다면 앞날에 대한 보장은 따 놓은 당상이었다.

■ **1752년(영조 28년) / 16세**　십대 중반의 나이에 혼인을 했다. 전주 이씨 이보천李輔天의 딸과 혼인 후 장인에게서 『맹자』를 배웠다. 이보천은 우암 송시열과 농암 김창협으로 이어지는 노론 학문을 계승했지만, 관료보다 처사로 지냈던 위인이었다. 연암은 이런 장인에게서 노론 사상과 처세에 영향을 받았기 때문에 부패하고 잘못된 시대 풍조를 거부하고 양심껏 살고자 하는 삶의 가치관을 갖출 수 있게 되었다.

장인은 자신의 가르침이 끝나자 자신의 아우인 영목당 이양천李亮天에게 연암 교육을 부탁했다. 연암은 다시 2년 동안 이양천에게서 『사기』를 배우며 본격적으로 학문과 글쓰기를 익혔다. 홍문관 교리를 지낼 만큼, 이양천 역시 문장에 있어 일가를 이룬 인물이었다. 젊은 연암의 능력이 출중한 것을 알고는 놀라 더욱 애정을 갖고 학문 전반에 대해 가르쳤다. 스승 이양천을 사사한 연암은 불과 3년 만에 큰 진보를 이루었다. 이후 이양천은 친구 이윤영李胤永(1714~1759)에게 연암을 보냈다. 연암은 이윤영으로부터 『주역』을 배우면서 많은 주제로 토론하기를 즐겼다. 이윤영은 연암의 식견을 듣고, "옛날 사람들이 밝혀내지 못한 것을 자네가 밝혀냈네"라며 칭찬을 아끼지 않았다. 이른 나이부터 연암의 사고와 글쓰기는 남달랐다. 그러한 사실을 10대 후반~20대에 쓴 여러 편의 전傳 작품에서 확인할 수 있다. 이후 장년기에 고문에 대한 새로운 해석과 안목을 꽃피우게 된다.

20대의 연암은 유교 경전을 비롯해 제자백가, 병농전곡兵農錢穀 관련 서적, 그리고 서양의 천문학, 지리학까지도 두루 섭렵했다. 당시 그가 쓴 글들에서 이미 그의 탁월한 문장력과 진보적 사상을 읽어 낼 수 있다. 또한 손아래 처남인 이재성李在誠과도 절친 이상의 학문적 교감을 나누며 지기知己로 지냈다. 결과적으로 연암은 장가를 잘 간 남자였고, 처갓집의 도움을 톡톡히 받았던 행운아였음에 틀림없다.

■ **1754년(영조 30년) / 18세**　　　스승이자 처숙부인 이양천이 흑산도로 유배를 당했다. 이 무렵 연암은 심한 불면증과 식욕부진을 호소하며 우울증을 크게 앓았다. 불면증에 시달리며 집안 노비들로부터 재미있는 이야기들을 청해 듣고자 했다. 그의 소설 소재가 되는 다양한 인물들의 이야기를 접한 것도 이 무렵이었다. 「민옹전」의 주인공인 이야기꾼 민유신閔有信도

이 무렵 만났다. 처음으로「광문자전廣文者傳」을 지어 사람들로부터 글쓰기에 대해 인정을 받았다. 남산골에 살던 형암 이덕무를 처음 만났다.

■ **1755년(영조 31년) / 19세**　흑산도로 유배 갔다 다음 해에 풀려난 이양천이 40세의 나이로 별세했다. 연암은 그의 죽음을 애도하며「제영목당이공문祭榮木堂李公文」과「불이당기不移堂記」를 지었다. 후자의 글에서 연암은 절개와 소신을 지켰던 이양천을 '눈 속의 측백나무' 같은 선비였다며 그를 기렸다. 그러나 아직 20세도 안 되었던 연암은 그의 죽음 후 더 심한 정신적 방황을 하게 된다. 그 고뇌와 방황의 시간은 그로 하여금 여러 편의 전을 짓게 하는 원동력이 되었다.

■ **1756년(영조 32년) / 20세**　김이소金履素, 이희천李羲天, 황승원黃昇源 등 절친한 친구들과 함께 한양 근교의 절을 찾아다니며 울울한 심회를 풀고 과거 시험공부를 했다. 이때 봉원사奉元寺에서 윤영을 만나 허생에 관한 이야기를 처음 들었다. 훗날 연암은 자제군관 자격으로 북경과 열하를 다녀오다가 옥갑에서 한밤중에 이야기를 나눌 때 윤영이 들려준 허생 이야기를 기억하고, 이후『열하일기』를 집필할 때「허생전」을 삽입

했다. 말 거간꾼을 주인공으로 한 「마장전馬駔傳」과 똥 장수 이야기를 다룬 「예덕선생전穢德先生傳」도 20세를 전후해 지은 작품들이다.

이 무렵 연암은 어느 날 특별한 꿈을 꾸었다. 서까래 크기의 붓 다섯 자루를 얻는 꿈이었다. 그런데 그 붓대에는 '붓으로 오악五嶽을 누를 것이다'라는 글귀가 적혀 있었다고 한다.[3] 오악산은 조선의 4방위와 중앙에 해당하는 명산인 북쪽의 백두산, 서쪽의 묘향산, 동쪽의 금강산, 남쪽의 지리산, 그리고 중앙의 삼각산(북한산)을 뜻하는데, 그 꿈은 글로써 조선 전역에 이름을 날리게 될 것임을 암시한 것이라 하겠다.

■ **1757년(영조 33년) / 21세**　　민유신이 죽자 그의 불우했던 처지와 능력을 안타까워하며 그와의 만남을 기리는 의미에서 자신의 경험담을 토대로 「민옹전」을 지었다. 20대 말에 「김신선전」과 「우상전」을 짓고, 세상에 떠도는 기이한 이야기나 인물에 관한 이야기를 모은 「방경각외전放璚閣外傳」을 완성했다. 우울한 심회는 당시 양반들의 위선과 사리추구 태도를 비판적으로 보는 방향으로 변모해 갔고, 이에 따라 있어야만 할 도의와 인륜, 참된 사귐과 유연한 사고에 깊이 천착하게 되었다.

비속한 표현이나 속담과 속어를 일부러 가져와 생생하고 활기찬 묘사에 집중하고, 우언 형식을 취해 세상을 다른 시각으로 보고자 했다. 깡다구 있는 소신과 세계관을 갖고 기존 사회에 대한 건전한 반론을 다양한 형식의 글쓰기를 통해 실험했다.

■ **1760년**(영조 36년) **/ 24세**   연암의 정신적 스승이었던 조부 박필균이 죽었다. 당시 남은 재산이 밭 한 뙈기와 돈 40냥뿐이었다. 그해 겨울, 무척 추웠다. 구걸하러 다니다가 얼어죽은 이들이 많이 발생했다. 연암의 집 역시 가난의 그늘에서 벗어나지 못했다. 울적한 마음에 산수가 좋은 곳을 찾아다니며 유람하거나 벗들과 자주 교류를 가졌다.

■ **1761년**(영조 37년) **/ 25세**   북한산에서 독서에 열중했다. 이때 수염이 하얗게 변했다. 이양천의 벗인 단릉처사 이윤영李胤永에게서 『주역』을 배우면서 그의 아들 이희천李羲天과 친분을 쌓고 절친한 친구로 지냈다. 그러나 이희천은 10년 후 불온한 중국 역사책인 『명기집략』을 소지했다는 이유로 참수당하고 양화진 강가에 효시되는 비극을 맞이한다. 이 일로 인해 한동안 비통에 잠겨 지냈다. 그러나 같은 해 남양주에 있

는 석실서원에서 담헌 홍대용洪大容을 처음 만났다. 당시 천안에 살던 담헌은 이곳에서 김원행金元行으로부터 주자학, 천문학 등을 배웠다. 석실서원은 연암의 장인 이보천의 장인인 어유봉魚有鳳과 김창협의 손자 김원행이 함께 세운 서원이었다. 연암은 김원행, 이윤영, 이인상李麟祥, 원중거元重擧 등으로부터 글을 배웠다. 원중거, 이인상, 이윤영은 모두 뛰어난 지식인이자 예술가였지만 서얼 출신이라는 이유만으로 그 능력을 크게 인정받지 못했다. 김원행은 연암의 식견을 대단히 높게 평가했다. 연암은 이후 평생의 지우이자 선배로서 홍대용과 어울리면서 북학 사상과 백탑파 모임을 주도하게 된다. 절친 이희천을 잃었지만, 지우 홍대용을 새롭게 얻었다고 할 것이다.

■ **1764년**(영조 40년) **/ 28세**   관동지방을 유람했다. 정선을 배경으로 「양반전」을 지었다.

■ **1767년**(영조 43년) **/ 31세**   부친 박사유가 죽었다. 묏자리를 놓고 녹천鹿川 이유李濡 집안과 분쟁이 일어났다. 이 무렵 「우상전」, 「역학대도전」, 「봉산학자전」을 지었다. 이 중 「우상전」을 제외한 나머지 두 편은 현재 전하지 않는다.

■ **1768년**(영조 44년) **/ 32세**   연암이 백탑(현 탑골 공원 내에 위치

한 원각사지 10층 석탑) 근처로 집을 옮겼다. 이사 오기 이전에는 삼청동에서 살았다. 백탑 근처의 집에 살면서 당호堂號를 '공작관孔雀觀'이라 지었다. 백탑 근처에서 1768년부터 1772년에 전의감동(지금의 종로구 견지동)으로 이사 갈 때까지 살았다. 당시 백탑 근처에는 이덕무李德懋, 서상수徐常修, 유득공柳得恭, 유금柳琴, 박제가朴齊家, 이서구李書九 등이 살고 있었다. 지리적으로 백탑 근처에 가까이 살던 문인과 학자들 중 뜻이 맞는 이들끼리 모여 친목 도모와 학문 교류를 했는데, 이 모임을 일명 '연암파', '북학파', 또는 일명 '백탑파'라고 불렀다. 이 사교 모임이 이룩한 지적 자산은 당시 조선 사회와 역사에 커다란 영향력을 미쳤다. 당시 백탑파 멤버들이 지은 산문과 편지, 한시 등을 모아 『백탑청연집白塔淸緣集』이라는 책을 내기도 했다. 또한 연암 개인적으로도 30대 전반 공작관에 살면서 많은 글을 남겼다. 1769년 겨울, 연암은 자신이 쓴 산문을 모아 『공작관집』이라는 문집을 남겼다.

■ **1770년**(영조 46년) **/ 34세**　　　생원과 진사를 뽑는 소과 초시初試에서 수석으로 합격했다. 합격 발표날 밤에 영조가 친히 연암을 침전으로 불렀다. 도승지가 읽어 주는 연암의 답안 내

용을 영조는 책상을 두드리면서 장단을 맞춰 가며 들었다. 영조가 크게 흡족해 했다. 이후로 정치권에서 여러 차례 러브콜을 받았다. 명문집안 출신인 데다 영조의 총애를 받았기 때문에 너나할 것 없이 과거에 합격시켜 자신의 당파로 끌어들이려 했다. 그러나 그 의도를 알아차린 연암은 번번이 과거에 응시하지 않거나, 어쩔 수 없이 과거장에 나가더라도 답안지를 제출하지 않거나 엉뚱한 그림(소나무와 괴석)을 그려 넣고 나오는 식으로 벼슬에 뜻이 없음을 드러냈다. 결국 공식적으로 과거 포기를 선언했다.

■ **1771년**(영조 47년) **/ 35세**　　큰누이가 세상을 뜨자 그녀의 죽음을 슬퍼하며 「백자증정부인박씨묘지명伯姉贈貞夫人朴氏墓誌銘」을 지었다. 이덕무, 백동수白東修 등과 함께 송도, 평양을 거쳐, 천마산, 묘향산, 속리산 등 명승지를 두루 유람했다. 황해도 금천군 연암골짜기를 보고 흡족해 하며 그곳을 제2의 거주지로 낙점했다. 골짜기 입구 왼쪽 절벽에 많은 제비들이 둥지를 틀었기 때문에 이를 연암燕巖(제비바위)이라 불렀는데, 연암이 후에 이를 자신의 호로 삼았다. 이후 연암골에서의 생활은 연암에게 정신적, 정서적으로 큰 영향을 미쳤다.

■ **1772년**(영조 48년) **/ 36세**　처자식을 처가로 보내고, 전의 감동으로 집을 옮겨 혼자 지냈다. 이후로 연암산방과 서울 집을 오가며 생활했다. 연암의 집을 아지트 삼아 홍대용, 정철조, 이서구, 이덕무, 박제가, 유득공, 김홍도 등 여러 벗들과 가깝게 지내며 사상과 문학에 심취했다. 중국을 다녀온 홍대용, 박제가, 이덕무 등과 함께 조선의 낙후한 현실을 벗어나기 위해 청나라를 배우고자 공부하면서 중국 여행의 꿈을 키웠다. 이들에게 보낸 편지를 모은 『영대정잉묵映帶亭賸墨』을 펴냈다. 박제가의 문집인 『초정집』에도 서문을 써 주었다. 이해에 경제적 후원자였던 친구 유언호가 흑산도로 유배를 갔다.

■ **1773년**(영조 49년) **/ 37세**　유득공, 이덕무와 함께 서도를 유람하는 도중에 허생 이야기를 들려주었던 윤영을 다시 만났다.

■ **1777년**(정조 1년) **/ 41세**　장인이자 스승이었던 이보천이 죽었다. 그를 추모하는 글 「제외구처사유안재이공문祭外舅處士遺安齋李公文」을 지었다.

■ **1778년**(정조 2년) **/ 42세**　청나라 사신으로 떠나는 이덕무와 박제가를 전송했다. 가난한 집안 살림을 꾸려 왔던 형수

전주 이씨가 별세했다. 영조가 승하한 후 정조가 왕위에 오르자, 정조의 부친이었던 사도세자 처벌에 찬성하고 정조의 왕위 계승에 반대했던 인물들이 숙청되었다. 이때 정조의 왕위 등극에 큰 공을 세운 홍국영이 정권을 잡았다. 연암이 홍국영 일파의 국정농단을 신랄하게 비판하자, 홍국영이 연암을 잡으려 혈안이 된다. 이에 지인들이 연암을 연암골로 피신시켰다. 평소 연암을 따르던 무인 백동수가 연암의 식솔들을 이끌고 황해도 금천군 연암골짜기로 들어갔다. 여기서 연암은 초가집을 짓고 돌밭을 일구고 뽕나무도 직접 심었다. 그곳에서 은둔하며 지낼 때 개성유수인 친구 유언호가 정조 즉위 후 유배에서 풀려나 중용되면서 연암에게 경제적으로 큰 도움을 주었다.

■ **1779년(정조 3년) / 43세**　　백탑파 멤버이자 제자 격의 이덕무, 박제가, 유득공, 이서구가 규장각 검서관檢書官으로 발탁되었다. 홍대용에게 편지를 보내 연암골에서의 생활을 전하고, 이들의 등용을 축하해 주었다.

■ **1780년(정조 4년) / 44세**　　홍국영이 정권에서 물러나자 연암골에서 한양으로 돌아와 평계平谿에 사는 처남 이재성李在

誠의 집에 머물렀다. 8촌 형이자 영조의 부마인 박명원朴明源이 청나라 건륭제의 고희를 축하하기 위한 특별사행의 정사로 임명되어 사절단을 이끌고 북경에 갈 때 자제군관(개인 수행원) 자격으로 연암이 합류하게 되었다. 5월에 떠나 6월에 압록강을 건넌 후 8월에 북경에 도착했지만, 곧바로 건륭제가 머물고 있던 열하로 가 축하인사를 드렸다. 조선 사신이 한 번도 가 본 적이 없는 열하에서 청나라 학자들과 필담을 나누며 학문적 교유를 했다. 다시 북경을 거쳐 10월 말에나 귀국을 했다. 귀국 후 여행 도중 써 놓았던 글들을 정리해 3년 후 『열하일기』를 세상에 내놓았다. 아직 채 완성되지 않은 원고 일부가 세상에 유출되어 필사되면서 당시 문단에 커다란 반향을 불러 일으켰다. 『열하일기』에 실린 「허생전」, 「호질」도 이때 지어진 것이다. 후에 자유로운 그의 문체를 문제 삼아 정조는 반성문을 제출토록 했다. 이해에 둘째 아들 박종채가 태어났다.

■ **1781년**(정조 5년) / **45세**　　영천군수로 있던 홍대용이 연암의 『열하일기』 저술활동을 독려하며 소 2마리, 공책 20권, 돈 200냥 등을 보내 주었다. 박제가가 지은 『북학의北學義』의 서문을 써 주었다. 정철조가 죽자 그를 애도하는 「제정석치문祭鄭

石痴文」을 지었다.

■ **1783년**(정조 7년) **/ 47세**　　연암골을 드나들며『열하일기』 집필에 매진했다. 담헌 홍대용이 병으로 세상을 떴다. 이를 몹시 슬퍼한 나머지 이후로 연암은 홍대용이 좋아했던 음악을 끊었다.「홍덕보묘지명」을 지었다.

■ **1786년**(정조 10년) **/ 50세**　　이조판서 유언호의 추천으로 생애 처음으로 관직을 맡았다. 토목공사와 건축물 신축 보수 공사 감독관에 해당하는 선공감 감역繕工監監役(종9품 벼슬)이었다. 이는 뒤늦게 벼슬에 욕심이 생겨서가 아니라 가족의 생계를 걱정해야 했기 때문이다.

■ **1789년**(정조 13년) **/ 53세**　　평시서주부平市署注簿가 되어 시장에서 상점의 두량斗量검사와 물가의 등락을 관할하는 관리 노릇을 했다. 이해에 잠시 휴가를 얻어 연암골에 머물렀다.

■ **1790년**(정조 14년) **/ 54세**　　북경과 열하를 함께 다녀왔던 8촌 형 박명원이 사망했다. 박명원은 평소 연암을 아끼고 그의 재능을 독려해 주었다. 그의 죽음을 애도하며「삼종형금성위증시충희공묘지명三從兄錦城尉贈諡忠僖公墓誌銘」을 지었다. 그해 태조의 비妃였던 신의왕후神懿王后의 능지기에 해당하는 제릉

령齊陵令에 임명되자, 연암골 근처에서 일하게 되었다며 오히려 기뻐했다.

■ **1791년**(정조 15년) / **55세**　한성부 판관漢城府判官에 임명되었다. 그러나 유한준의 모함을 받아 강등되자, 천거 절차 없이 정조가 다시 직접 안의(지금의 경남 함양군 안의면) 현감에 임명했다.

■ **1793년**(정조 17년) / **57세**　정조가 연암의 문체를 지적하며 잘못된 문체를 퍼뜨린 것을 속죄하라는 명을 내렸다. 이에 「답남직각공철서答南直閣公轍書」를 지어 바쳤지만, 정조가 요구한 반성문은 끝내 제출하지 않았다. 그해에 지기와 같았던 제자 이덕무가 세상을 떠났다. 그의 유고집을 펴냈다. 안의현감으로 있으면서 그 고장에서 일어난 일을 소재로 해 쓴 「열녀함양박씨전烈女咸陽朴氏傳」을 지었다.

■ **1796년**(정조 20년) / **60세**　안의현감 임기를 마칠 때에 백성들이 송덕비를 세우려 하자, 크게 꾸짖고 거부했다. 임기가 끝나 한양으로 올라온 직후 의금부도사義禁府都事에 임명되었다. 가난한 연암의 경제적 후원자였던 유언호가 죽었다. 손자 박규수가 태어났다.

■ **1799년**(정조 23년) **/ 63세**　　　정조의 명을 받아 지은 농서 『과농소초課農小抄』를 왕에게 바쳤다.

■ **1800년**(정조 24년) **/ 64세**　　　정조가 승하했다. 연암은 인재를 등용하고 자신을 총애하던 왕의 죽음을 크게 슬퍼했다. 같은 해 강원도 양양부사로 부임해 갔다.

■ **1802년**(순조 2년) **/ 66세**　　　조부와 부친의 묘를 이장하려다 평소 연암과 불화했던 유한준의 방해로 좌절되었다. 이후 연암은 울화병을 앓았다. 2년 후인 1804년 가을, 풍을 맞아 상반신이 마비되어 1년 동안 누워 지냈다.

■ **1805년**(순조 5년) **/ 69세**　　　음력 10월 20일 가회방 재동齋洞에 계산초당桂山草堂이라는 집을 짓고 살다가 몸을 깨끗이 목욕시켜 달라는 유언을 남기고 69세의 나이로 생을 마감했다. 손자 박규수가 출세한 까닭에 훗날 좌찬성左贊成에 추증되고 문도文度라는 시호를 받았다. 연암은 경기도 장단 송서면에 있던 부인 이씨의 묘에 합장되었다. 현재 연암은 북한 개성 동쪽 교외의 삼댐 건너편에 있는 황토고개 근처에 묻혀 있다.

2

인간 박지원:
미처 몰랐던 이채로운 연암의 면모

1
20대에 머리카락과 수염이 하얗게 센 애늙은이 청년

연암은 20대 후반에 머리카락과 수염이 하얗게 셌다. 오늘날 흔히 말하는 새치가 심했다. 애늙은이처럼 보일 법하다. 연암은 한때 한양 서소문 밖 관천灌泉이란 곳에서 살았는데, 친구들과 함께 금강산 유람을 다녀온 직후부터 양쪽 귀밑머리부터 흰머리가 나기 시작했다. 연암이 쓴 「금학동별서소집기琴鶴洞別墅小集記」에서 그 전모를 확인할 수 있다. 하필 금강산을 다녀온 후부터 흰머리가 생겼다니 흡사 젊은 신선을 떠올리기 쉽거니와 고매한 정신을 지닌 인물로도 볼 법하다.

그런데 연암의 얼굴빛은 되레 불그레했다. 거기다 연암의 초상화를 보면 눈에는 쌍꺼풀이 있었고, 광대뼈가 선명했으며, 귀 또한 컸다. 이목구비가 뚜렷하며 까칠할 것 같은 인상을 준다. 그러나 관상학적으로 보면 연암의 외모는 귀인貴人의 상이다. 카리스마가 느껴져 주위 사람을 압도하기에 충분하다. 풍채도 좋은 데다 8척 신장의 거구였기에 멀리서 보면 한눈에 하얀 수염을 날리며 다가오는 연암을 알아차릴 정도였다.

　그런데 연암은 만사태평한 사람이었다. 아니 자유로운 영혼의 소유자라는 표현이 더 잘 어울릴지도 모른다. 게다가 게으름의 진면목이 무엇인지 보여 주기라도 하듯 집안에 며칠씩 처박혀 지내곤 했다. 한번 잠을 자기 시작하면 골방에서 며칠을 내리 자는 습성이 있었다. 그리고 그 반대로 어느 날 갑자기 어느 하나에 몰입하면 밤을 새워 가며 종일 책에 파묻혀 지냈다. 한번 일에 집중하게 되면 주변 사람을 잊고 지낼 정도였다. 오죽하면 그런 행태를 견디지 못한 14살짜리 여종이 배고픔과 무료함에 지쳐 달아나 버렸을까? 그러니 다른 사람이 보면 한심해 보일 법도 하다.

　연암 자신도 이를 잘 알았던 것 같다. 자신이 한번 코를 골면 10일 동안 골았다는 북송의 도가 사상가인 진박陳博을 닮았노라며 너스레를 떤 적도 있기 때문이다. 그러나 이런 면모는 연암이 작은 일에 얽매이는 성격의 소유자가 아니었음을 잘 보여 준다. 빈둥거리며 노는 것 같지만, 한번 미치면 끝장을 보고야 마는 성격과 열정을 지닌 인물이었다. 의술이 뛰어

났던 담옹澹翁 김기순金起淳은 청년 시절의 연암을 이렇게 평가
했다.

공은 순양純陽의 기품을 타고나 음기陰氣가 섞이지 않았습니다.
그래서 높고 밝음이 지나쳐서 매양 부드러움으로 일을 이루는
힘이 부족하고, 강직함과 방정함이 지나쳐서 항상 원만한 뜻이
적습니다. 이는 옛사람이 말한 바 성격이 강직하고 불의를 참지
못한다는 태양증太陽症에 해당합니다. 우리나라의 선현들에 견
준다면 공의 기품은 송강松江 정철鄭澈이나 남명南冥 조식曺植에
가깝습니다. 지금과 같은 말세를 살아감에 도처에서 모순을 느
끼실 테니, 삭이지 못하고 억눌러 둔 불평한 마음이 훗날 반드
시 울화증으로 나타날 것입니다. 그럴 경우 그 병은 약이나 침
으로도 고칠 수 없습니다.[4]

연암은 성격이 뻣뻣하고 강직하며 불의를 못 참는 태양인
기질의 남자였다. 괄괄하면서도 날카로운 직관력이 있고, 불
의와 타협하지 않으려는 호인의 면모도 보인다. 정철과 조식
에 비견한 것은 극찬의 다름 아니다. 다만 울화증과 불화를

염려할 만큼 감정조절이 쉽지 않았던 것으로 보인다. 천재적 끼를 주체할 수 없어 거침없이 발산해야 했기에 소소한 일에 얽매이지 않았다. 그러나 자신의 감정 표출이 곧바로 나타났기 때문에 때때로 타인과 사회, 시대와 화합하지 못하고 그 답답한 마음으로 인해 마음의 병이 생길 수밖에 없었다.

유년시절부터 연암은 우울증을 심하게 겪었다. 이로 인해 불면증이 심해지고 거식증마저 생겼다. 이를 타개할 요량으로 연암은 스스로 글을 짓기도 하고, 재미난 이야기를 들으며 우울한 심회를 잊고자 했다. 그가 "밤낮 한숨도 못 자는 날이 며칠 동안 계속되다 보니 집안사람들이 몹시 걱정했다. 하는 일 없이 긴 밤을 보내는 것이 심심하여 글을 짓기 시작했다"고 말한 것은 거짓말이 아니었다. 우울한 심회에서 벗어나고자 세상에 대해 자신이 갖고 있던 자각과 자기 소신을 글로 써서 풀어내고자 했던 것이다.

글이 아니면 당시 한양에서 이야기꾼으로 유명한 이들을 불러 재미있는 이야기를 청해 듣기도 했다. 연암이 불렀던 이야기꾼 중에 민유신閔翁이라는 노인은 연암에게 특별했다. 첫 만남부터 악사를 질타하면서 일반인과는 다른 재담과 기지, 그리고 임기응변 능력을 보여 주었다. 결과는 대성공이었다. 연암은 민옹과의 만남을 통해 기분 전환을 이루고, 신선한 자극을 맛보았다. 그런데 그런 민옹이 안타깝게도 얼마 후 죽었다. 연암은 민옹의 재주와 불우했던 삶을 안타까워하며 「민옹전」이라는 전傳을 지어 그를 추모하고, 그의 존재를 세상에 알렸다.

그러나 단번에 그의 우울증이 없어질 리 만무했다. 육체적으로 병약한 것도 있었지만, 나이가 들수록 사회와 세상의 부패와 불합리한 모습에 정신적 갑갑함은 쉽게 없어지지 않았다. 홀로 깨어 있고, 자유분방하게 앞서 사유하고자 할수록 그에게 우울 자체가 고통으로 다가올 수밖에 없었다. 연암이 그런 정신적 고통과 우울에서 벗어나고자 선택한 것이 바로 글쓰기였다. 연암은 글을 통해 세상을 경영하고, 자신의 이상과 울울한 심회를 펼쳐 보이며 일종의 해방감을 만끽할 수 있었다. 글을 쓰는 순간만큼은 한 없는 자유, 진정한 일탈을 맛볼 수 있었기 때문이었다. 신선의 풍모를 지닌 애늙은이 청년 연암이 속세에 머물면서 마뜩잖고 내키지 않았던 감정들을 그의 수많은 글속에 오롯이 살아 꿈틀거리도록 심어 놓았던 것이다.

2
신선을 찾아라

김홍기는 연암처럼 흰 수염을 날리며 서울에서 조용히 은둔하며 지내던 선비였다. 그런데 소문에 의하면 그는 하루에 수백 리 길을 떠났다가 어느 날 다시 나타나곤 했다고 했다. 이런 김홍기를 연암은 우울증 때문에 꼭 만나고 싶었다. 그를 만나면 문제가 해결될 것 같았기 때문이었다. 그래서 자신을 따르던 제자 윤생尹生, 신생申生과 함께 김홍기를 찾아다녔다. 어느 날, 윤생이 연암에게 중요한 정보를 알려 주었다. 홍기는 평소 술을 좋아하는 김 봉사 집, 또는 바둑을 좋아하는 누각동 김 첨지 집, 아니면 거문고를 좋아하는 이 만호 집에 있을 거라는 것이었다. 그래서 연암과 두 제자는 그가 자주 나타난다는 후보지를 중심으로 몇 달을 찾아다녔지만 헛수고였다. 그러다 얼마 후 그가 서학동에 있다는 말을 듣고는 한걸음에 찾아갔다. 그곳에는 김홍기의 사촌형제가 살고 있었는데 며칠 전 홍기가 처자를 놔둔 채 홀로 떠나갔다고 했다. 그런데 얼마 후 여든 넘은 술꾼 임 동지同知 집에 있다는 소문이 들려왔다. 역시 서둘러 그곳을 가 보았더니 전날 밤에 잔뜩 마시고는 아침나절에 강릉으로 갔다고 했다. 혹자는 지리산에서 약초를 캐다가 절벽에서 떨어져 죽었을 거라 했다. 그렇게 거푸 허탕을 친 연암의 낙담은 컸다.

그러던 차에 김홍기가 금강산에 있다는 믿을 만한 정보를 듣게 됐다. 연암은 금강산까지 가서라도 그를 꼭 만나야겠다고 마음먹었다. 결국 1763년 가을, 연암은 김홍기를 찾아 풍악산楓嶽山(가을철 금강산을 일컫는 별칭)에 들어갔다. 산에서 스님을 만나자 연암은 도술에 통달한 이상한 스님이 있는지를 물었다. 그랬더니 수미봉 아래 선암船菴이란 곳에서 밤과 대추, 솔잎만 먹으며 도를 닦고 있는 사람이 있다고 알려 주었다. 그가 김홍기일 것으로 확신한 연암은 장안사를 거쳐 참으로 어렵게 선암에 도착했다. 그러나 그곳에는 인적 대신 짚신 두 짝만 덩그러니 놓여 있을 뿐이었다. 끝내 연암은 김홍기를 만나지 못한 채 한양으로 돌아올 수밖에 없었다.

그런데 연암은 김홍기는 아니지만, 도인이자 신선 같다는 소문이 자자했던 또 다른 인물, 곧 윤영 노인을 만나게 된다.

윤영은 연암이 지은 허생 이야기의 원제공자이기도 하다. 분명히 알아 둬야 할 것은 허생 이야기가 연암이 직접 창작한 작품이 아니라, 실은 나이 스무 살 무렵 윤영이 들려준 이야기를 기억하고 있다가 열하를 다녀오는 길에 연암이 옥갑에서 비장들과 함께 '조선의 부자'를 주제로 돌려가며 들려준 이야기를 『열하일기』에 끼워 넣어 탄생한 작품이라는 사실이다. 허생 이야기를 들려준 윤영과의 첫 만남을 연암은 이렇게 회고한 바 있다.

내 나이 스무 살 때 서대문의 봉원사奉元寺에서 글을 읽고 있었다. 그때 절에 한 손님이 있었는데, 음식을 아주 적게 먹고 밤새 잠도 안 자며 도가의 양생술을 하였다. 그러다가 한낮이 되면 문득 벽에 기대에 잠시 눈을 붙이고 낮잠을 잤다. 나이가 자못 늙어 보였기 때문에 나는 엄숙하게 그를 공경했다.[5]

지금의 서대문구 안산鞍山에 있는 봉원사에서 처음 윤영을 만난 연암은 그로부터 허생 이야기를 듣고 그것을 기록으로 남기겠노라 약속했다. 그런데 18년 뒤인 1773년에 평안도에서 연암은 윤영을 우연히 다시 만났다. 기막힌 만남이 아닐 수 없었다. 그런데 20여 년이 흘렀건만 윤영은 하나도 늙지 않았다. 윤영도 연암을 기억해 내고는 과거에 자신이 들려준 허생 이야기를 지었는지 물었다. 그런데 연암이 아직 짓지 못했다고 하자 윤영은 "이런, 또 허생의 아내가 굶주리게 되었군!"이라고 말하고는 사라져 버렸다. 이 말대로라면 윤영 역시 신선이라 할 것이다. 연암은 그 기이한 만남과 윤영에게 한 약속 때문에 결국 『열하일기』를 쓸 때, 작심하고 허생 이야기를 빠뜨리지 않고 적어 놓았던 것이다.

한 가지 재미있는 사실은 연암이 그토록 신선을 만나 대화하고 싶어했으나, 정작 남들은 연암의 외모를 보며 연암이야말로 도인이자 신선이라고 여겼다는 사실이다. 연암의 제자였던 이서구가 앵무새에 대한 글을 모아 『녹앵무경綠鸚鵡經』이란 독특한 책을 만들었는데, 연암은 그 책의 서문을 쓰면서 자신의 체험담을 이렇게 들려주었다.

박수무당이 큰 소리로 외치며 말했다. "온몸이 덜덜 떨리는구나. 죄를 받을까 두렵다. 너(연암)는 잘 생각해 보아라. 네가 연단鍊丹을 하게 되면 공기 속의 진기眞氣만 들이마시고 아무런 음식도 필요치 않게 될 것이며, 점차 가족도 싫어져 집도 필요치 않게 될 것이다. 저 바위 밑에 거처하면서 아내와 자식을 다 버리고 친구마저 이별하며, 하루아침에 몸이 가벼워져 어깨에는 도토리 나뭇잎을 걸치고 허리에는 범 가죽을 두른 채, 아침에는 창해滄海에서 노닐고 저녁에는 곤륜산에서 노닐다가 그 이튿날 낮이나 저녁이 되어 잠시 만에 돌아오는데, 그 사이에 이미 천 년이 지나기도 하고 혹은 800년이 지나기도 한다. 저렇듯 오래 사는 것을 이름하여 신선이라 한다. 그렇게 되면 어찌할 텐가?"[6]

연암이 흰 앵무새 꿈을 꾼 후 박수무당을 불러 꿈 이야기를 들려주고 점을 쳐 달라고 했을 때, 박수무당이 한 말이다. 박수무당은 연암의 꿈속 이야기가 연암이 곧 신선임을 알려 주는 것인데, 신선인 존재가 신선인 줄 모르고 엉뚱하게 지내고 있다고 했다. 그러나 연암은 정작 그런 해석을 달가워하지 않았다. 연암은 이 일화를 소개하면서 자신은 신선 또는 도인을 찾는 것을 좋아하긴 하지만, 신선이 되어 천 년이나 800년을 하루처럼 지내는 것은 결코 바라지 않는다고 했다. 가족과 떨어져 자신만 신선처럼 지낸들 무슨 즐거움이 있겠느냐는 것이다. 시대가 달라 자신이 누구인지 알아 줄 이도 없고, 증명할 만한 문서도 없고, 신선의 삶은 마치 나만의 꿈일 뿐 다른 사람들이 자신의 꿈을 함께 꾸지도 않을 것인데 그런 '나 홀로'의 삶을 굳이 추구할 필요가 있는지 되묻고 있는 것이다. 자신은 현실적인 사람으로서 신선과는 거리가 먼 부류임을 강조한 것이라 하겠다.

그러나 신선 같은 삶, 신선 같은 인물이란 평가는 후대 사람들에 의해 나타나기 마련이다. 그래서일까. 연암이 이 세상을 떠나던 날, 그의 임종을 지켜본 아들 박종채는 연암이 마치 신선처럼 생을 마감했다고 했다. 그것이 우연의 일치가 아니었음을 우리는 잘 안다. 시공간을 넘나드는 사유의 깊이에 글의 형식미를 영롱하게 창조하고, 평생 글을 신선처럼 다루면서 세상을 초월한 정신세계를 구현하고자 했던 장인匠人을 어찌 감히 범인과 동일하게 평가할 수 있겠는가?

3
기러기 아빠, 혹은 처사로서의 서울 생활

연암은 16살에 결혼을 했다. 그러나 8년 동안 아이가 없었다. 어쩌면 아내와 떨어져 혼자 지내는 경우가 많았기 때문인지도 모를 일이다. 혼인 직후 연암은 장인의 집이 있던 광주군 석마(지금의 분당)에서 약 4년 동안 머물렀다. 이때 연암은 사회적으로 시류와 거리를 둔 채 사상과 학문을 연구하던 장인 이보천과 처당숙인 이양천, 그리고 이들과 동년배인 김원행, 이윤영, 이인상, 원중거 등을 만나 큰 배움을 얻을 수 있었다. 이들은 권력과 통치자적 삶을 버리고 자연을 벗하며 학문을 즐기고자 했다. 연암은 노론 중에서도 처사다운 삶을 추구하던 이들에게서 반골 기질을 배우고, 폭넓은 사유 세계와 만나게 된다. 더불어 처사 기질까지 배웠던 것 같다. 연암은 가족이 있음에도 불구하고 혼자 서울서 처사처럼 홀로 지내는 경우가 적지 않았기 때문이다.

연암은 1771년에 자신을 형님처럼 대하던 무인 백동수와 함께 연암골을 답사한 뒤, 그곳에 은거할 생각을 갖게 되었다. 그리고 후에 그곳에 산방山房을 만들고는 종종 와 머물렀다. 당시 막강한 권세를 휘두르던 재상 홍국영이 연암을 미워한 나머지 연암을 없애고자 할 때, 백동수의 도움을 받아 가족이 모두 피신한 곳도 바로 이 연암산방이었다. 이 연암산방이 연암에게는 가장 훌륭한 안식처였다. 이런 연암골에서도 연암은 가족 없이 혼자 보낼 때가 많았다.

1772년에 아내와 자식을 처갓집이 있는 석마로 보낸 후, 연암은 홀로 서울 집에 머물렀다. 그러나 때때로 연암골의 연암산방에 머물다 오곤 했다. 서울서 홀로 지낸 이유는 딴 것이 없었다. 가난 때문이었다. 혼인 직후부터 수년 간 처갓집에 머물면서 장인과 처남으로부터 학문을 배웠지만, 그들도 이미 죽고 없는 마당에 가족과 처갓집에서 지내는 것이 연암으로선 꽤나 답답하게 여겨졌던 것으로 보인다. 그래서 기러기 아빠 같은 생활을 자처해 홀로 서울과 연암골을 오가며 지냈던 것이다. 1772~73년에 서울서 혼자 지내던 연암의 모습은 「소완정이 쓴 〈여름밤 벗을 방문하고 와〉에 답한 글」(酬素玩亭夏夜訪友記)에서 일부 확인할 수 있다. 어쩌면 연암의 호탕한 성격으로 볼 때, 자유분방한 환경에서 학문적 동지들과 폭넓은 사귐을 갖고 새로운 사상과 정보를 빨리 얻을 수 있었던 서울 생활이 더 좋았는지도 모른다.

아내 이씨 부인은 연암과 나이가 같았다. 16살에 혼인한 연암은 한동안 처가살이를 했다. 이씨 부인은 마음씨 착하고 조용한 여인이었다. 비록 남편과 오랫동안 떨어져 살았지만, 이를 불평하거나 힘들어했다는 기록은 보이지 않는다. 연암이 자유롭게 사고하고 자연인으로 살 수 있었던 데엔 의도하진 않았겠지만, 아내의 순종적이고 무덤덤한 심성도 한 역할을 하지 않았을까 상상해 봄직하다. 가난과 질병, 양육과 가사로 고통스러웠고 경제적, 정신적인 남편의 지원과 격려가 없었음에도 그녀는 자신에게 주어진 운명 같은 길을 걸어갔던 것으로 보인다. 연암의 아들 박종채는 『과정록』에서 어머니를 "가난과 고난 속에 여기저기 옮겨 다니며 살아서 그 고통을 감내하기 어려웠지만, 한 번도 눈살을 찌푸려 괴로운 내색을 하신 적이 없었다. 어머니는 마치 가난을 견디며 독서하는 군자 같으셨다. 그러나 어머니는 아버지가 처음 관직에 나간 지 반년도 못 되어 그만 세상을 뜨셨다"[7]라고 회상한 바 있다. 가난한 집에 시집 와 집이 너무 좁아 거처할 곳조차 없어 자주 친정집에 머물러야 했던 이씨 부인. 그녀는 평생 공부밖에 모르는 남편을 내조하면서 아무 불평 없이 수양하는 군자처럼 자신을 죽이며 지냈던 여인이었다. 그나마 말년에 연암이 관직에 나가게 되어 가난에서 벗어나게 되었던 때에 죽음을 맞이했기에 그녀의 삶이 더욱 애잔하게 다가오지 않을 수 없다. 연암은 평소 가족과 가족의 생계에 무관심하거나 무관심한 척했지만, 그것은 연암 자신이 아내와 가족에게 미안한 마음이 너무 컸기에 보인 연암식 표현이었을 뿐이다.

4
과거시험 포기자

오늘날 수학 포기자를 '수포자'라고 부르는데, 연암도 당시 출세의 등용문인 과거시험을 거부하고 포기한 소위 '과포자' 중 한 명이었다. 수포자나 과포자는 각각 수학과 과거시험에

질렸거나 왜 그것을 공부해야 하는지 그 의미를 찾지 못한 이들이라는 점에서 동일하다. 젊은 시절, 연암이 며칠씩 잠을 이루지 못하는 불면증과 우울증에 시달린 이유 중 하나는 당시 혼탁한 정치 현실과 타락한 사회상에 대한 비판 의식과 불만, 그리고 장래가 불투명한 데서 비롯한 일종의 정신적 스트레스 때문이었다. 더욱이 개판 5분 전인 당시 과거시험을 통과해 벼슬길에 나간들 무슨 의미가 있겠냐는 회의감이 적지 않았다. 한번 과거 시험이 열리면 전국에서 수만 명의 응시자가 몰려들었는데, 조선은 이를 체계적으로 관리, 운영할 수 있는 시스템과 능력을 갖고 있지 못했다. 그렇기에 연암은 똥이 무서워 피하는 게 아니고 더러워 피한다는 말처럼 자신도 차마 더러워지기 싫어서 과거시험을 포기했다.

연암이 과거에 합격한 지인을 축하하며 써 준 글 「하북린과 賀北隣科」(북쪽에 사는 이웃사람의 과거 합격을 축하하며)를 보면 그가 조선판 공무원 시험인 과거시험을 얼마나 부정적으로 바라보았는지 알 수 있다. 연암의 '만의 하나'론이 여기서 나온다.

무릇 요행을 말할 때 '만의 하나'라고들 하지요. 어제 과거에 응시한 사람은 수만 명도 더 되는데, 이름이 불린 사람은 겨우 스무 명뿐이니 참으로 만분의 일이라 할 만합니다. 문에 들어설 때에는 서로 짓밟느라 죽고 다치는 자를 셀 수도 없고, 형과 아우가 서로 불러대며 찾아 헤매다가 서로 손을 잡게 되면 마치 다시 살아온 사람을 만난 듯이 하니 그 죽어 나간 것이 '열에 아홉'이라 할 만합니다. 그런데 이제 그대는 능히 열에 아홉의 죽음을 면하고 '만에 하나'의 이름을 얻었구려. 나는 무리 가운데에서 만분의 일에 영예롭게 뽑히는 것보다 열에 아홉이 죽는 위태로운 판에 들어가지 않게 된 것만 가만히 경사롭게 여깁니다.[8]

스무 명을 뽑는데 응시자가 수만 명을 헤아린다고 했으니 경쟁률은 무려 '수천 대 1'이나 된다. 가히 낙타가 바늘구멍에 들어가는 수준의 경쟁률이 아닐 수 없다. 어렵게 과거에 합격하더라도 치열한 당쟁에 휘말리는 것이 꼴불견이었고, 과거 시험이 극도로 부패한 것에 대해서도 커다란 혐오를 느꼈다. 과거를 포기했다는 것은 출세가 보장된 정해진 길을 부정하고 조용히 양심 있는 학자로서, 문장가로서의 길을 걷겠노라는 선언이나 마찬가지였다. 그러니 오죽하면 과거 시험장에서 답안지에다 돌덩이를 그려 넣는 낙서나 하고 나왔을까?

　그러나 소위 왕실의 특별 관리까지 받던 인물이었기에 연암은 말년에 지방 수령직을 몇 차례 맡게 된다. 그러나 실제 특혜를 받아 관리자 노릇을 해보았더니, 자기 체질에 맞지 않았다. 그래서 늘그막에 얻은 벼슬자리도 오래 지키진 못했다. 말년에 강원도 양양 부사로 부임해 갔다가 얼마 후 그만둔 것도 그의 심사를 잘 보여 준다. 설악산 신흥사 중들의 행패가 꼴 보기 싫어 '중이 싫으면 절을 떠나라'는 속담마냥 양양 부사직을 그만두었다. 그러나 불교인의 작폐는 표면적 이유일 뿐 연암은 기질 면에서 정치나 관료 세계와 궁합이 맞지 않았던 것이다.

　오늘날 대학입학수학능력시험에서 좋은 점수를 받은 학생이라고 과연 이 사회가 필요로 하는 훌륭한 학생인가에 의문을 갖는 사람들이 많은 것처럼, 조선 후기에 과거시험 합격자가 정말 능력이 뛰어났는지 판단하기란 쉬운 일이 아니다. 더욱 조선 후기에 과거 시험이 부정부패로 얼룩지고 시험장이 시장판과 난장판이 되어 버린 상황에서 제대로 된 인재를 뽑기란 더욱 어려웠다. 과거 시험 합격 요령만 익히고 암기 위주로 공부한 사람이 합격할 수 있는 시험 체제에서 연암처럼 정독하고 깊은 사유를 추구하던 이들에게는 백날 시험쳐 봐야 떨어질 수밖에 없었다.

더욱이 연암은 스스로 암기력이 부족함을 인정하고, 이를 극복할 방도를 스스로 찾고자 했던 것이다.

아버지는 책 읽는 속도가 매우 느려서 하루에 한 권 이상 읽지 못하셨다. 아버지는 늘 이렇게 말씀하셨다.

"나는 기억력이 썩 좋지 못하다. 그래서 책을 읽다가 덮으면 곧바로 잊어버려 머릿속이 멍한 게 한 글자도 남아 있지 않은 것 같다. 그러나 어떤 일을 처리해야 하거나 글제목을 정해 놓고 이리저리 글을 구상할 때면 처음에는 읽은 내용이 하나씩 떠오르다가 종국에는 줄줄이 쏟아져 나온다. 그래서 옛사람의 지나간 행적이나 선배들의 격언 가운데 눈앞의 정경에 어울리는 것들을 죄다 활용하여 이루 다함이 없었다."

지계공(연암의 처남 이재성)은 언젠가 이런 말씀을 하셨다.

"연암은 책을 매우 더디게 보아서 내가 서너 장 읽을 때 겨우 한 장밖에 못 읽었다. 또 암기 능력도 나보다 조금 못한 것 같았다.

그렇지만 읽은 글에 대해 이리저리 논하거나 그 장점과 단점을 말할 때에는 엄격한 관리가 옥사獄事를 처결할 때처럼 조금도 빈틈이 없었다. 그제서야 나는 공이 책을 느리게 보는 것은 철저하게 읽기 때문이라는 걸 알았다."[2]

아들 박종채가 기억하는 아버지 연암의 모습이다. 처남 이재성도 연암이 기억력이 좋지 못해 자신이 세 장 읽을 때 겨우 한 장밖에 읽지 못했다고 하지 않은가? 그러나 연암의 더딘 독서는 단순히 기억력 문제가 아니었다. 한 문장이라도 이해가 안 되면 다음으로 넘어가지 못하던 이해 위주의 꼼꼼한 독서 태도 때문이었다. 다시 말해, 마음으로 책을 읽되 그 내용을 '음미'하며 사유했던 것이다. 연암의 글이 치밀하고 논리적이며 직관력이 돋보이는 것은 무수한 사유와 고민을 동반한 독서의 산물이기 때문이다. 선명히 '잘' 이해될 때, 비로소 그 다음 단계로 넘어갈 수 있었기에 연암은 천천히, 자세히 사물을 관조하고 세상을 바라보는 자신만의 관점을 만들어 낼 수 있었던 것이다.

5
백탑파의 유쾌한 반란

한양 어디서나 보이던 건물 하나. 그것은 오늘날 탑골 공원 안에 있는 원각사지 10층 석탑이다. 고려 시대부터 조선 초까지 원각사라는 절이 있었는데, 조선 초 불교를 배척하게 되면서 원각사는 없어졌으나 탑만은 그대로 남았다. 유교 숭상의 중심지인 한양 한복판에 불교 석탑이 우뚝 서 있는 것이 이질적이면서 묘한 안정감을 준다. 특이하게도 화강암이 아닌 흰 대리석으로 화려하게 꾸며 만든 이 탑을 사람들은 '백탑白塔'이라 불렀다. 현재 이 원각사지 10층 석탑은 대리석을 조각해 만든 탑신의 장식이 너무 정교해 그 가치를 인정받아 국보 제2호로 지정되었고 유리벽을 씌워 보존, 관리 중이다.

부친 사후에 연암은 가족을 처가로 보냈다. 그리고 연암 자신은 백탑 근처 다 쓰러져 가는 초가집으로 이사 와 혼자 지냈다. 홀로 지냈기에 외롭거나 애처로울 법도 했지만, 뜻이 맞는 친구나 선후배들이 연암의 집을 자주 드나들었기 때문에 생활과 사유 면에서 자유로울 수 있었다. 이때 백탑 주변에 살면서 연암에게 배움을 청했던 실학자 중 연암 집을 아지트 삼아 모임을 가진 이들을 소위 '백탑파'라고 불렀다. 백탑파 모임은 조선판 동호인 모임이자 북학 사상이 태동한 요람과 같은 학문적 모임이었다.

백탑파 멤버 중 맏형은 담헌湛軒 홍대용洪大容이었다. 연암보다 여섯 살 많았으나, 전형적인 샌님 스타일에 학문적 소양이 높고 음악과 과학, 시문에 능하고 점잖았던 학자였다. 자신보다 나이가 적은 후배들과도 마음을 터놓고 교제를 했다. 백탑파 모임이 있을 때마다 참여해 그 모임의 정신적 리더 역할을 감당했다.

그다음으로 나이가 많았던 이가 연암이다. 그러니 백탑파의 대다수는 연암의 제자 또는 친구라 볼 수 있다. 실제로 연암의 뜻을 따랐던 젊은 선비 중에는 서얼 출신으로 규장각 검서관을 맡았던 형암炯菴 이덕무李德懋, 초정楚亭 박제가朴齊家, 그리고 영재泠齋 유득공柳得恭이 있었다. 반쪽짜리 양반이라 불린 서얼庶孼은 아무리 능력이 뛰어나도 과거시험에 응시할 수 없었다. 서얼도 평민 첩에게서 낳은 이들을 서자庶子, 천민 첩에게서 낳은 이들은 얼자孼子라고 구분지어 불렀다. 서얼이 아닌 양반으로서 이들과 뜻과 학문을 같이한 소완정素玩亭 이서구李書九 역시 백탑파의 주 멤버로 참여했다.

이 중 형암은 남산 아래에 살았다. 연암이 백탑 주변을 돌며 산책을 즐겼다면, 형암은 남산 주위를 돌며 산책하면서 사색을 즐기곤 했다. 형암은 '걸어 다니는 백과사전'이라 불릴 만큼 박학다식했다. 작은 것조차 꼼꼼히 짚어 보고, 현미경을 들여다보듯 공부하던 공부벌레였다. 자신의 호를 '간서치看書痴', 곧 '책만 보는 바보'라고 지은 것도 자신을 너무 잘 알았기 때문이었다. 형암은 풍채도 좋고 성격도 내성적이어서 학문하는 선비로서 나무랄 데 없었지만, 출신 때문에 벼슬길이 막혀 있었기 때문에 그 울울한 심회야 이루 말할 수 없었다. 그렇다보니 형암 또한 늘 가난을 안고 살아야 했다. 그런데 양반 중에서도 당대 정치계를 주름잡던 당파인 노론老論, 그 노론 중에서도 명문 가문 출신인 연암이 이덕무와 같은 서얼들과 함께 어울리며 뜻을 같이했다는 것 자체는 시사하는 바가 적지 않다.

『북학의北學議』를 지어 백탑 모임과 그들의 사상을 '북학파' 또는 '북학 사상'으로 부르게 만든 장본인인 박제가 역시 연암의 집을 자주 드나들던 멤버였다. 초정은 연암이 처음 보고 마음에 쏙 들었던 똑똑한 청년이었다. 백탑파 멤버 중 그림과 글이 가장 뛰어나다는 평을 들었다. 이런 초정을 연암이 만나게 된 것은 이덕무를 통해서였다. 이덕무는 처남인 무사 백동수의 집에서 박제가를 처음 만났다. 이덕무가 8척(약 184cm) 장신인 데 반해 박제가는 6척 반(약 150cm) 단신이었으니, 둘이 함께 있는 것이 신기할 정도로 어울리기 어려운 조합이었다. 그러나 이 두 사람뿐 아니라 다른 백탑파 멤버들도 마음과 사상 하나만큼은 퍽이나 잘 통했다.

당시 조선에서는 지식인이 우정을 나누려는 마음이 있다면 매화를 가져가는 풍습이 있었다. 오늘날 남의 집에 처음 갈 때, 꽃이나 와인 등을 사 가는 것과 같은 것이었다. 그런데 초정은 형암에게 정식으로 인사하러 갔을 때, 매화 대신 매화시를 지어 가지고 갔다. 그 후 형암으로부터 초정을 소개받은 연암은 초정의 방문을 은근히 기다릴 정도였다. 이때 연암의 나이는 32살이었고, 초정은 19살이었다. 연암으로선 젊은 후배의 등장을 손꼽아 기다린 만큼, 목욕재계하고 깨끗한 옷으로 갈아입은 후 초정이 써 온 글을 받았다. 초정은 제자로 받아 줄 것을 바라는 마음에서 스승으로 모실 연암 앞에서 일종의 신고식을 치른 것이다. 연암과의 첫 만남을 초정은 『백탑청연집白塔淸緣集』서문에서 이렇게 회상했다.

빙 둘러 있는 성 한가운데에 백탑이 있다. 멀리서 삐죽 솟은 것을 보면 마치 설죽雪竹의 새순이 나온 듯하다. 여기가 바로 원각사의 옛터다. 지난 무자년(1768)과 기축년(1769) 사이에 내 나이는 열여덟, 열아홉이었다. 미중美仲 박지원 선생이 문장에 조예가 깊어 당대에 으뜸이란 말을 듣고, 마침내 백탑의 북쪽으로 가서 찾아뵈었다. 선생께서는 내가 왔단 말을 들으시더니 옷을 걸치며 나와 맞이하시는데, 마치 오랜 친구처럼 손을 잡아 주셨다. 마침내 당신이 지은 글을 모두 꺼내 와 읽게 하셨다. 몸소 쌀을 씻어 차솥에 안치시고, 흰 주발에 밥을 담아 옥소반에 받쳐 내오셔서는 잔을 들어 나에게 축수祝壽해 주셨다. 나는 지나친 환대에 놀라고 기뻐하며 천고의 성대한 일로 여겨 글을 지어 화답하였다. 서로에게 경도되던 모습과 마음을 알아 주던 느낌이 대개 이와 같았다.

당시 형암 이덕무의 집이 북쪽으로 마주 보고 있었고, 낙서洛書

이서구의 사랑은 그 서편에 솟아 있었다. 수십 걸음 떨어진 곳은 서상수徐常修의 서루書樓였고, 거기서 다시 꺾어 북동쪽으로 가면 유금柳琴과 유득공의 집이 있었다. 나는 한번 갔다 하면 돌아오는 것도 잊고 열흘이고 한 달이고 연거푸 머물곤 했다. 시문이나 척독을 썼다 하면 권질을 이루었고, 술과 음식을 찾아다니며 밤으로 낮을 잇곤 했다.[10]

연암이 자기보다 어린 초정을 얼마나 높게 평가하고 그를 아끼고자 했는지 젊은 초정도 확실히 느낄 만큼 두 사람의 첫 만남은 불꽃이 튀었다. 두 천재적 문장가가 사제지간으로 만난 것도 놀랄 만한 일이거니와 나이 차이를 뛰어넘어 지기로서 실학사상을 논하고 문장을 키워 나간 것은 조선 역사에 있어 커다란 행운이 아닐 수 없다. 자기 집을 찾아온 어린 초정을 예의를 갖춰 대접고자 손수 쌀을 씻어 밥을 짓고 술을 내오는 모습을 보노라면, 가족 없이 홀로 지내며 사람을 그리워하던 양반의 애처로운 모습이 아니라 나이, 신분, 관계 등 계급장을 떼고 인간 대 인간으로 마음으로 소통하고자 했던 대인배의 모습이 오버랩된다.

이처럼 백탑파는 마음이 맞는, 그러면서 백탑 주위에 모여 살던 이들로 자연스럽게 구성되었다. 초정뿐 아니라 이덕무와 이서구, 유득공과 서상수 등은 가까이 살았기 때문에 더더욱 연암의 집을 자주 드나들며 술잔을 기울이고 시대와 사회, 새로운 학문 세계에 대해 토론하고 대화를 나눴다.

이 모임에서 가장 듬직하고 호탕한 인물은 무사 백동수였다. 백동수는 이덕무의 처남으로 연암에게 이덕무를 소개시켜 준 장본인이기도 하다. 다른 이들이 문인들이었던 것과 달리 백동수는 무인이자 조선의 협객으로 이름을 날린 위인이었다. 조선에서 가장 표창을 잘 쓰던 무사로도 유명했다. 연암과 동갑이었지만 연암을 친형처럼 따르고 의리를 지켜 연암의 가족과 연암의 안위를 자기 가족인 양 보살펴 주었다. 백동수는 후에 정조의 신임을 얻어 정조와 가장 가까운 거리에서 경호 책임을 맡기도 했다. 정조의 명으로 백동수가 이덕무, 박제가와 더불어 조선시대 군법과 무술 기술을 체계적으로 정리하고 그림까지 넣어 바친 『무예도보통지武藝圖譜通志』는 오늘날까지 조선시대 군사술의 전모를 이해하는 결정적인 자료로 손꼽힌다.

한편, 백탑파의 막내는 20대 초반의 단원檀園 김홍도金弘道였다. 단원은 비록 궁중화가인 화원畵員이었지만, 이용후생利用厚生에 동의하며 일찍부터 하층민의 생활 모습을 여과 없이 사실 그대로 담아내는 데 동참했다. 특별히 당대 풍속화로 이름을 날리게 된 단원은 실제 하층민 생활의 한 단면을 포착해 정확히 구현해 내는 장기가 있었다. 그것은 일상생활에 대한 깊은 관심과 하층민에 대한 애정을 원근법과 사실주의 기법으로 활용하여 나타냈기 때문에 가능한 일이었다. 김홍도가 풍속화를 그릴 수 있었던 것은 회화사에서 실사구시의 화풍을 실천하고자 했기 때문이다.

의식이 깨이지 못한 상태에서는 새 술을 새 부대에 담기 어렵다. 북학과 실사구시 정신이란 백탑파 깃발 아래 모였던 백탑파 지식인들의 면면을 볼 때, 그들이 얼마나 그 사회와 시대, 그리고 천하를 이해하고자 고민했으며, 조선의 지성사에 큰 획을 긋는 사건의 주인공들이었는지를 알 수 있다.

이들은 통금 이후에도 술을 잔뜩 마시고 운종교(지금의 광통교) 위에 대자大字로 누워 고래고래 소리를 지르거나 노래를 부르며 서울 거리 한복판을 휘젓고 다니기까지 했다. 오늘날로

치면 문제 학생들이 술 마시고 패기 하나만으로 겁 없이 규율에 저항하던 일종의 일탈이었다고나 할 법한 짓이었다. 그만큼 백탑파 멤버들이 함께하는 시간만큼은 규범일랑 두렵지 않았고, 자신감과 패기로 가득 차 있었다.

연암은 이들과 백탑 근처 자신의 집에 모여 경세와 치세의 이치와 구체적인 유학의 실천 방도에 대해 수많은 고민을 공유하며 고준담론을 나눴다. 백성을 위한 정치, 강력한 나라를 만드는 실용적인 정치를 위해 그들은 관념적인 사고에 머물지 않고 실증적인 학문 추구를 통해 생활에 적용 가능한 논리와 세계경영 방안을 마련하는 데 골몰했다. 그들이 추구했던 실학 정신이 구체성을 띠고 나타난 것 중 하나가 바로 '북학北學 사상'이었다.

백탑파는 한 때 젊은 실학자들이 모여 지적 놀이를 하다 그만둔 사교모임이 아니었다. 모임을 통해 서로에게 영향을 주고, 그들은 이전과는 다른 새로운 사회상을 꿈꾸곤 했다. 사상과 학문은 고여 썩거나 정체되지 않았고, 다양한 논쟁은 사회적 관심과 필요를 불러일으켰으며, 사유와 의식의 각성은 활발한 사회적 운동성을 지닐 수 있었던 것이다.

3

연암의 글:
글의 형식미에 사유의 깊이를 더하다

연암의 문장에 대해 당대뿐 아니라 오늘날 많은 독자들이 열광하는 이유가 무엇일까? 그것은 글의 형식미와 사유의 깊이에 있다. 전후 논리체계와 기막힌 서술전략을 한 편의 글 속에 포진해 내는 기법이 당대 글쓰기 방식을 뛰어넘는 반전의 세계로 채워져 있기 때문이다. 연암의 글은 소품문, 또는 소설로 널리 알려진 문학적 글과 서문과 발문, 묘지명 등 격식을 갖춘 글로 대별 가능하다. 이런 글들에서 연암은 공히 다양한 전고와 사례, 일화를 적절히 섞어 놓음으로써 논거를 풍성히 제시하고, 주장에 대한 설득력과 독자의 이해력을 높여 놓았다. 특히 연암의 서문은 일화 모음 글이라 할 만큼, 다양한 일화를 동원해 자기 생각과 감정을 극적으로 보여 주는 장기長技가 있다.

내용 역시 마찬가지다. 당대인뿐 아니라 현대인들도 무릎을 탁 하고 칠 법한 숨은 사유의 숨결을 고이고이 담아내고 있다. 그렇기에 그 사유의 세계를 헤아리다가 충격에 충격을 받는 것이 읽는 이로 하여금 반전의 연속을 제공한다. 그의 생애 자체도 반전의 연속이었듯이, 이하에서 연암이 남긴 수많은 명문들 중 몇 편만 골라 그의 말과 글 속에 담긴 오묘한 세계를 좀 더 깊이 들여다보기로 하자.

1
초정집서楚亭集序

초정 박제가의 문집인 『초정집』을 간행할 때, 연암은 제자의 문집에 서문을 써 주었다. 여기서 연암은 평소 자신이 갖고 있던 '법고창신法古創新'론을 작심하고 펼쳐 냈다. '옛것을 본받으면서 새것을 창조하자'는 법고창신론은 명나라에서부터 법고파와 창신파로 나눠 대립하다가 몰락한 사례를 거울 삼아 이 둘을 아우르는 문학을 추구하자는 취지로 연암이 제시한 대안적 문학론이다.

아! 소위 '법고'한다는 사람은 옛 자취에만 얽매이는 것이 병통이고, '창신'한다는 사람은 상도常道에서 벗어나는 게 걱정거리다. 진실로 '법고'하면서도 변통할 줄 알고 '창신'하면서도 능히 전아하다면, 요즈음의 글이 바로 옛글인 것이다.[11]

법고를 중시하는 이들은 고대의 문학과 문장, 곧 고문을 절대적 잣대로 삼아 창작할 것을 주장한다. 반면 창신을 주장하는 이들은 고문의 틀과 규범에서 벗어나 참신하고 창조적인 표현을 추구하자고 주장한다. 이런 주장이 중국뿐 아니라 조선에도 들어와 조선 문단도 이 두 파로 나눠져 있었다. 이런 상황에서 연암은 법고와 창신, 양자 모두 중요함을 갈파하고 어느 한쪽에 치우치지 않는 논리적 균형감각에 입각해 양자의 장점을 적극 살리면서 글쓰기를 할 것을 주장한 것이다. "법고하면서도 변통할 줄 알고 창신하면서도 능히 전아할 줄 알아야 한다法古而知變, 創新而能典"라는 문장 속에 연암 문장론의 핵심이 내포되어 있다. '법고法古'와 '창신創新', '지변知變'과 '능전能典' 어느 하나도 빠져서는 안 되는 주요 개념어이자 상관어이다.

그런데 그 내용을 전달해 내는 형식상 요체는 바로 '而'에 달려 있다. 무슨 말인가? 연암의 법고창신론은 단순히 '법고(옛것을 익히다)하고 창신(새로움을 창조하다)하자'는 말이 아니고, 법고와 지변(변통할 줄 안다), 그리고 창신과 능전(능히 전아하다)이 유의미한 것이 되기 위해선 법고하면서 지변해야 하고 창신하면서 능전해야 한다는 데 있다는 것이다. 다시 말해 '하면서而'를 법고와 지변, 창신과 능전 '사이'에 배치시킴으로써 양자의 상관관계와 의미를 분명히 드러내고 있는 것이다. 이런 점에서 '而'야말로 연암 사상을 이해하는 주요 키워드가 된다. '하면서'의 논리로 양방향성 내지 이중성을 동시에 인정하는 연암 특유의 관점은 상대적 가치를 존중하면서 대의를 강조하던 연암의 시각을 달리 표현한 것이라 할 것이다.

물론 이런 관점을 연암이 처음 창안해 제시한 것은 아니었다. 『논어』「위정爲政」편에 나오는 '온고이지신溫故而知新'의 연암식 해석이었던 것이다. '故'[古]를 생각해야 하는 것은 당연하다. 그러나 너무 古에만 집착한 나머지 新을 잊고 발전할 줄 모른다면 이것은 또 다른 병폐를 야기하는 것과 같다. 따라서 '온고溫故'하고 나서 여기에 머물지 말고 '이어서', 즉 '而'를 거

072

쳐 '지신知新'(새로운 것을 알아가는 것)으로까지 지속성을 띠고 나아가야 하는 것이 중요하다는 사실을 내포하고 있다. 이런 점에서 연암의 '法古而創新'은 '溫故而知新'을 법고'**하고**' 창신한 것이 아니라 법고'**하면서**' 창신한 결과라 할 것이다.

법고하면서 창신한 글이라면 현재의 글도 옛 글 곧, 당대인이 숭앙하던 고문과 같은 가치를 지닐 수 있다고 했다. 따라서 무엇보다 과거의 명문장만을 숭앙하고 모방할 것이 아니라, 현재에 진실한 글쓰기를 추구해야 함을 주장한 것의 다름 아니다. 이는 당시 고문론자의 논리를 정면으로 반박하고 있는 것이기도 하다. 고문을 절대적인 대상으로 보지 않고, 상대적인 진리로 파악한 연암의 식견이야말로 동서고금을 통해 공감을 얻을 수 있는, 대단히 유연한 논리다. 이처럼 「초정집서」에는 시간을 상대적으로 인식하고, 시간 위에 올라서서 시간과 존재의 문제를 조망하는 관점이 듬뿍 들어 있다. 만약 인류가 옛것만을 그대로 고집하고 본받는 것에 그쳤다면 우리는 지금도 원시적인 생활에 머물러 있을지 모를 일이다.

그런데 「초정집서」 마지막 부분에서 연암은 만약 누군가가 법고와 창신 중 어느 하나를 택하라고 묻는다면 법고를 택하겠노라고 했다. 법고는 창신을 위한 동력으로, 법고가 없다면 창신도 없다. 그러나 연암이 법고를 더 중시한 것은 절대 아니다. 역시 상대적인 선택으로, 특별히 젊은 초정 박제가가 창신에만 너무 치우쳐 문제가 될 것을 염려한 나머지 이를 경계코자 하려는 의도에서 '차라리 법고'를 운운한 것이다.

새로운 것만 추구한다고 다는 아니다. 그렇다고 절대적인 법고도 없다. 글의 형식미(법고)에다 사유의 깊이가 더해질 때, 좋은 글이 나온다. 제도와 정치, 이념도 마찬가지다. 연암은 세상의 이치를, 인위가 아닌 자연의 섭리에서 찾아 순응하고자 했던 고수 중의 고수임이 틀림없다.

2
제정석치문祭鄭石癡文

「제정석치문」은 석치石癡 정철조鄭喆祚(1730~1781)를 애도하며 연암이 지은 제문祭文이다. 석치는 이가환李家煥의 처남이기도 하다. 평소 석치와 담헌(홍대용), 그리고 연암, 이렇게 세 사람은 그 누구보다도 친하게 지냈다. 서울에서 홀로 지내던 연암 집을 자주 드나들던, 소위 백탑파 핵심 멤버 중에 석치가 있었다.

석치는 재주와 능력이 많았다. 자기 호를 '석치石癡(돌에 미친 바보)'라 지은 것은 벼루를 만드는 일에 남다른 애정이 있었기 때문이었다. 거기에다 그림 솜씨도 뛰어나 직접 정조의 어진御眞 제작에 참여하기도 했다. 지도를 그리는 데도 탁월한 장기를 발휘했다. 특히 그의 진가는 천문학과 수학에서 두드러졌고 직접 과학 도구를 제작해 자연과학 탐구에 몰두했다. 연암은 『열하일기』에서 북경 연행시 본 천문 관련 도구를 석치의 집에서도 보았다고 했다.

아마 관상대 위에 있는 여러 기구들은 천문을 관측하는 혼천의渾天儀와 옥으로 만든 선기옥형璇璣玉衡 같은 종류일 것으로 생각된다. 뜰 안에 비치해 둔 기구들도 나의 벗 석치 정철조의 집에서 본 것과 유사하게 생겼다. 일찍이 석치는 대나무를 깎아 손수 여러 기구를 만들었는데, 기구를 보자고 하면 이미 부숴 버린 뒤였다. 언젠가 홍덕보와 함께 석치의 집에 갔는데, 두 사람은 황도黃道, 적도赤道, 남극과 북극에 대해 토론하며, 더러 머리를 흔들기도 하고 혹 고개를 끄덕이기도 하였으나, 설명이 난해하여 나는 살피기 어려웠다. 나는 자느라고 듣지 못했는데, 새벽에 일어나 보니 두 사람은 그때까지도 등불을 켜 놓고 마주앉아 도란도란 이야기를 하고 있었다.[12]

홍대용과 정철조는 남양주에 위치한 석실서원에서 김원행 문하생으로 동문수학한 사이였다. 특히나 두 사람은 나이도 한 살밖에 차이 나지 않는 데다 천문학과 수학에 비상한 관심과 능력이 있어 더욱 가까이 지냈다. 연암이 석치를 만난 것도 아마 석실서원을 드나들던 무렵이 아니었나 한다. 그런데 석치는 술을 좋아하고 성격이 꼼꼼하면서도 호방했다. 그래서 기질적으로 연암과 잘 통했다. 연암은 성격이 단아하고 체구가 호리호리한 담헌에게는 점잖은 말로 대했지만, 석치와는 술을 잔뜩 마시고 엉뚱한 짓을 하면서 허물없이 지냈다.

이렇듯 학문과 예술 분야에서 박학하고 다재다능했던 석치가 52세의 나이로 죽었다. 한창 나이에 죽었으니 연암 입장에서 안타까운 심회를 이루 말할 수 없었다. 그러니 연암이 석치의 죽음을 슬퍼하며 제문을 짓는 것은 너무나 당연한 일이었다. 그런데 문제는 이 제문이 연암이 쓴 글 중에서도 퍽이나 파격적이고 일탈적인 모습을 보인다는 사실이다.

석치가 살아 있다면 함께 모여 곡도 하고, 함께 모여 조문도 하고, 함께 모여 욕지거리도 하고, 함께 모여 웃기도 하고, 몇 말이나 되는 술을 마시기도 하고, 맨몸으로 서로 치고받으며 고주망태가 되도록 잔뜩 취해 서로 친한 사이라는 것도 잊어버린 채 인사불성이 되어, 마구 토해서 머리가 지끈거리고 속이 뒤집혀 어질어질하여 거의 죽을 지경이 되어서야 그만둘 터인데, 지금 석치는 진짜 죽었구나!

…

세상에는 참으로 삶을 한낱 꿈으로 여기며 이 세상에 노니는 사람이 있거늘 그런 사람이 석치가 죽었다는 말을 듣는다면 껄껄 웃으며 "진眞으로 돌아갔구먼!"이라고 말할 텐데, 하도 크게 웃어 입안에 머금은 밥알이 벌처럼 날고 갓끈은 썩은 새끼줄처럼 끊어질 테지. 석치는 진짜 죽었구나. 귓바퀴는 이미 문드러지고 눈알도 이미 썩었으니, 이젠 진짜 듣지도 보지도 못하겠지. 잔에 술을 따라 강신降神해도 진짜 마시지도 못하고 취하지도 못할 테지. 평소 석치와 함께 술을 마시던 무리를 진짜로 놔두고 떠나가 돌아보지도 않는단 말인가. 정말 우리를 놔두고 떠나가 돌아보지도 않는다면 우리끼리 모여 큼직한 술잔에다 술을 따라 마시지 뭐.[13]

제문의 첫 부분과 마지막 부분이다. 보통 제문은 죽은 이를 추모하기 위한 글인 만큼, 글의 서두에 '누가 누구를 위해 제문을 지어 제수를 갖춰 곡하며 읽는다'라는 형식적 멘트가 나온 후 망자의 행적을 기리면서 망자와의 관계나 일화를 소개하고, 마지막에 '상향尚饗'하고서 끝나는 식으로 전개되는 것이 일반적이다. 그런데 이런 일반 형식은 일절 배제한 채 단도직입적으로 '석치가 살아 있었다면 과거처럼 이러저러했을 텐데 그렇지 못한 것을 보니 석치가 진짜 죽었구나'라는 한탄을 토로하는 것으로 시작한다. 누가 봐도 삐딱하게 쓴 글임을 알 수 있다. 더욱이 이 글이 제문임을 고려한다면, '이게 뭐지?'라는 질문을 던지며 황당해 할 것임이 충분하다. 망자를 떠올리며 탄식의 감정을 직접적으로 표출할지언정 어조와 문체는 공손해야 하는 글이 제문인데, 그것을 완전 무시한 채, 일탈의 첨단을 보여 주고 있기 때문이다. 그렇기에 한편으로 독자에게 강한 인상과 긴장을 유발시키고 있다.

그렇다면 연암은 제문을 왜 이런 식으로 썼을까? 연암은 석치와 함께 했던 평소의 행위들을 열거식으로 단숨에 써 내려갔다. 석치를 떠올릴 때 연암이 가장 먼저 느끼는 감정을 에둘러 표현한 것이다. 두 사람은 누군가 초상이 날 때면 함께 조문을 하고 술을 마시면 인사불성이 되고 욕하고 토하고 껄껄댈 만큼 막역하게 지내던 친구였다. 얼마 전까지 그랬던 친구가 이제 이 세상에 없다는 상실감을 이루 형용할 수 없음이 분명하다. 그렇기에 "이제 진짜 죽어 없구나!"라는 연암의 탄식은 현실을 부정하고픈 심정과 이루 형용할 수 없는 슬픔을 에둘러 응축시킨 진심임을 이해할 필요가 있다.

여기서 글쓰기의 효과, 아니 표현의 힘을 절감하게 된다. 훌륭한 글이란 진실한 글이다. 그런데 훌륭한 글은 고상한 말과 아름다운 표현으로만 만들어지지 않는다. 때로 비속하거나 솔직한 말일지라도 잘 사용해 심금을 울릴 수 있다면 그것도 진실한 글이 될 수 있다. 연암은 기존의 글쓰기 격식과 문법 위에 올라선, 진심을 지닌 자유로운 영혼이 되어 절친 석치의 죽음을 애도하고 싶었던 것이다. 생각에만 머물지 않고 이를 직접 글로 표현해 낼 줄 아는 용기와 기개를 겸비한 '천상천하 유아독존天上天下唯我獨尊'의 작가였던 것이다.

이 글의 압권은 후반부다. 삶이 덧없다고 여기고 세상에 노니는 사람들이 석치가 죽은 줄 알게 된다면 "진으로 돌아갔구면!" 하며 크게 웃을 것이라 했다. 인생사에 달관한 도인 같은 이들이라면 죽음 자체에 일비一悲하지 않고 장자처럼 초탈한 듯 오히려 '티끌[塵]', 곧 자연 또는 본질로 돌아간 것을 좋아할 것이라는 의미로 해석된다. 그런데 그 뒤에 추가된 표현이 의뭉스럽다. "하도 크게 웃어 입안에 머금은 밥알이 벌처럼 날고 갓끈은 썩은 새끼줄처럼 끊어질 테지"라니. 그것도 제문에서 말이다. 절친이 죽었는데, 죽었다는 소식을 듣고 한 줌 재나 먼지가 된 것을 축하라도 하듯 격하게 웃는 바람에 입 안의 밥알이 튀어 나오고 갓끈마저 끊어져 버릴 정도라고 했다. 사실 이 정도라면 미치지 않고서는 내뱉기 어려운, 비정상적인 표현임에 틀림없다.

여기서 우리는 연암이 지인의 죽음에 대처하는 태도를 짐작할 수 있다. 너무 슬퍼서 더욱 격하게 웃고 싶다는 역설적 심정을 숨기지 못하고 있기 때문이다. 대단히 낯을 가리고 수줍음을 타는 사람이 겉으로는 더 크게 자주 웃음으로써 어색한 자기감정을 감추려는 것과 다르지 않다. 심적으로는 울고 싶은데 솔직히 울고 싶다고 말해 버리면 소위 '쪽팔리기' 때문에 과장스런 제스처나 표현을 동원하고자 한 것이다. 역설적 표현을 과감히 드러낼 줄 아는 여유와 호탕함이 연암의 글쓰기 기저에 깔려 있음을 알아차릴 수 있다.

연암은 '진짜'라는 표현을 거듭 동원해 자신의 슬픔 심정을 토로하고 있다. 석치의 죽음을 인정할 수밖에 없지만, 인정하고 싶지 않은 연암의 안타까움이 고스란히 배어 있는 말이다. 슬픈데, 격식을 갖춘 고상한 표현이 무슨 필요가 있는가? 시신은 썩어 문드러졌는데 예전처럼 어찌 술잔을 같이 기울일 수 있겠는가? 현실을 인정하자. 그리고 슬프다고 슬픔의 늪에서 허우적거리지 말고, 아무렇지 않은 척 산 사람은 산 사람끼리 현실에 맞장을 뜨며 살아가야지. 삶과 죽음이란 원래 이런 것이 아닌가? 석치도 그랬고, 나도 그럴 것이고, 후대 사람도 그럴 것인데 죽음을 받아들이고 죽을 각오로 현실에 충실하자. 아마 연암은 이렇게 생각했을 것이다. 진솔한 감정을 담아야 할 제문이 형식적 표현과 격식에 얽매여 누가 죽었든 상관없는 뻔한 글이 되는 것을 너무나 싫어했던 것이다.

이 글은 연암이 죽음과 이별에 대처하는 방편을 고스란히 보여 준다. 니체가 말한, 소위 초인超人다운 면모를 유감없이 보여 주기에 부족함이 없다. 견자見者로서 시간과 존재의 질문에 답한 글이라 할 것이다.

3

홍덕보묘지명洪德保墓誌銘

덕보德保는 홍대용洪大容(1731~1783)의 자字다. 홍대용이 즐겨 썼던 호 담헌湛軒 대신 자 덕보를 사용한 것은 그만큼 연암과 담헌이 친한 친구처럼 지냈기 때문이다. 실제로는 연암보다

6살 나이가 많지만, 연암과 정신적으로 가장 가까웠고 친구처럼 지낸, 연암이 가장 존경했던 조선의 지성 중 한 명이 바로 담헌이었다.

담헌은 음률에 능통해 낯선 악기라도 금방 연주할 수 있는 재주가 있었다. 또한 과학적 두뇌가 뛰어나 각종 기하학과 산술학 관련 지식을 활용해 쓴 수학서 『주해수용籌解需用』을 보면 그가 도대체 어떤 사람일까 궁금하지 않을 수 없게 만든다. 담헌은 이 수학서에서 수학자로서의 재주를 맘껏 뽐내며 농법과 건축술 등에서 필요로 하는 수학적 지식과 실제로 응용할 수 있는 용례들을 대거 소개해 놓았다. 실학자로서 농업과 건축 등 실생활에 써먹을 수 있는 내용을 알려 주고자 했음을 알 수 있다.

실사구시 정신에 따라 과거제 혁파와 인재 등용, 8세 이상 아동에 대한 의무 교육 등을 주장했는가 하면, 지구가 하루가 한 바퀴씩 돈다는 지구 자전설을 주장하고 혼천의(천체관측기구)를 제작했다. 당시 수학과 천문학에 관한 한 제1인자라 할 법했다. 노장老莊과 불교는 물론, 양명학과 천주교, 서양 문물에도 깊은 관심을 갖고 유연한 사고체계를 갖고 있었기 때문에 북학파의 맏형으로서 북학사상의 중심을 이끌어 나갈 수 있었다.

담헌은 서장관이었던 작은아버지를 따라 북경에 갔다가 서점가인 유리창에서 전당錢塘 출신의 중국인 문인 엄성嚴誠, 육비陸飛, 반정균潘庭筠 등과 만나 필담을 나눈 후, 귀국 후에도 편지를 주고받으며 우의를 이어 갔다. 헤어지면서 이번 작별이 영원한 이별임을 알고 못내 아쉬워하며 저승에서 만날 때까지 부끄럽지 않게 살자고 다짐했다. 아마도 이들은 자신들이 곧 세상을 떠날 것임을 알고 있었기 때문인지도 모른다. 결국 2년 후 엄성이 죽었고 반정균이 담헌에게 부음을 전했다. 담헌은 애사를 지어 보내고 엄성의 아들 엄앙嚴昻은 담헌을 백부로 부르며 편지를 보내왔다. 이렇듯 중국 문인과의 학문적, 인간적 교유도 가히 세기적이라 할 만큼 담헌은 중국 문인들과 특별한 사귐을 나누었다.

그런 담헌이 1783년에 풍으로 쓰러져 53세의 나이로 세상을 떠났다. 연암에게 있어 담헌은 늘 자신보다 한 발짝 앞서 걸어갔던 선배이자 스승과 같았다. 백탑파에서 가장 나이 많은 맏형 노릇을 했고, 북경 연행도 먼저 다녀왔다. 청나라 문인인 엄성, 반정균, 육비와 깊은 교유를 하는 모습이 마냥 부러웠던 연암은 기회가 날 때마다 북경의 문사를 만나 필담을 나누고자 했던 것이다. 요즘 말로 부러우면 지는 거라는 말마따나 연암은 담헌을 부러워하면서도 그의 뒤를 따라갔다.

그러면서 연암은 자신만의 길을 발견이라도 한 것일까? 연암은 담헌의 유연하고도 앞선 의식세계를 충분히 기리고자 했는지, 세상 어디에도 없는 파격적인 형식으로 담헌의 묘지명을 써 내려갔다. 일반적으로 묘지명 첫 부분은 대상 인물의 자호와 이름, 본관, 가계, 사망 시기, 그리고 대상과의 관계를 적는 내용으로 시작된다. 그런데 연암의 묘지명은 그것과 달라도 너무 달랐다.

덕보德保가 죽은 지 3일 후 문객 중에 연사年使(동지사)를 따라 중국에 들어가는 사람이 있었는데, 사행길은 응당 삼하三河를 거치게 되어 있었다. 삼하에는 덕보의 친구 손유의孫有義란 사람이 있는데 호를 용주蓉洲라 하였다. 몇 년 전에 내가 북경으로부터 돌아오는 길에 용주를 방문했다가 만나지 못해, 편지를 남겨 덕보가 남쪽 지방으로 원員이 되어 나간 사실을 자세히 서술하고 덕보가 보낸 토산물 두어 종류를 남기어 성의를 전달하고 돌아왔다. 용주가 그 편지를 떼어 보았다면 응당 내가 덕보의 벗인 줄을 알았을 것이다. 그래서 그 문객에게 부탁하여 다음과 같이 부고를 전하게 했다.

〈건륭 계묘년 모월 모일에 조선 사람 박지원은 머리를 조아리며 용주 족하足下께 사룁니다. 우리나라 전임 영천 군수 남양南陽 홍담헌洪湛軒 휘諱 대용大容, 자字 덕보德保가 올해 10월 23일 유시酉時에 영영 일어나지 못했습니다. 평소에는 병이 없었는데 갑자기 중풍으로 입이 비틀리고 혀가 굳어 말을 못 하다 잠깐 사이에 이 지경에 이르렀습니다. 향년은 53세입니다. 외아들 원薳은 가슴을 치며 통곡하고 있어 제 손으로 부고를 써서 전할 수도 없거니와, 양자강 남쪽에는 편지를 전할 길이 없습니다. 이 부고를 오중吳中으로 대신 전달해서 천하의 지기들로 하여금 그가 죽은 날짜를 알도록 해 주어, 망자나 산 자나 족히 한이 없도록 해 주시기 바랍니다.〉[14]

다짜고짜 "덕보가 죽은 지 사흘 째 되던 날"로 시작하여 부고를 강남에 살던 담헌의 중국인 친구들에게 전해 줄 것을 부탁하게 된 경위를 묘지명 서두에 자세히 적어 놓았다. 마치 이야기를 들려주듯 서술해 나가는 서두 부분은 독자의 관심을 불러일으킬 뿐 아니라, 죽은 담헌에 대한 정보(사망 시기, 관직명, 나이, 사망 원인, 상주 등)까지 고스란히 드러내고 있다. 그러면서 조선 땅이 아닌 중국 저 멀리 남방 지역에 사는 담헌의 중국인 친구들에게 그의 부음을 전하는 문제를 가장 먼저 다루었다. 그만큼 담헌과 중국인 문인과의 관계를 '천하의 지기' 사이로 여겼음을 엿볼 수 있다. 그런데 '천하지기'란 사실 지방의 한 선비도, 한 나라의 선비도 아닌, 세계와 통할 수 있는 선비라는 의미의 다름 아니다. 바로 담헌을 추모하는 글에서 담헌 일생 중 가장 행복했던 순간이라 할 중국 연행과 문인들과의 사귐을 떠올리며 가장 담헌의 죽음을 슬퍼할 만한 이들을 호명해 내고 있음에 주목할 필요가 있다. 연암은 담헌의 죽음을 우회적으로 서술하면서 그 누구보다도 연암 자신이 깊게 담헌의 죽음을 슬퍼함을 간접적으로 제시하고자 했던 것이다. 그렇기에 연암이 묘지명 마지막에 쓴 명銘이야말로 친구이자 스승이었던 담헌의 죽음을 추도하며 가장 연암답게 쓴 명문이라 할 것이다.

서호西湖에서 상봉하리니,

알괘라, 그대가 스스로에게 부끄럼이 없는 줄.

입에 반함飯含을 하지 않은 건

보리 읊조린 유자儒者를 미워해서네.[15]

　내용부터 엄숙하거나 경건한 분위기는 없다. '서호'는 중국 항주에 있는 호수를 말한다. 죽어서야 중국의 문인들과 비로소 자유롭게 만날 수 있게 되었으니 춤추고 노래하며 기뻐할 일이라 했다. 감정을 꾹 누른 채 쏟아 낸 지독한 역설이다. '반함'은 시신을 염할 때 죽은 사람의 입에 구슬 또는 쌀을 물리는 일을 말한다. 위 명銘대로라면 담헌의 시신은 반함을 하지 않았다는 것이 된다. 그것은 담헌이 유언으로 남긴 것이기도 했다. 그런데 '보리 읊조린 유자'란 쉽게 이해되지 않는다. 이 말은 『장자』에서 온 것으로, 「외물편」에서 유자(유생, 유학자)들은 입만 열면 시詩와 예禮를 떠들어 대지만 실은 남의 무덤을 몰래 파헤쳐 시체의 입안에 있는 구슬을 빼내는 도둑과 같다고 비판한 내용을 염두에 둔 것이었다. 즉 '보리 읊조린 유자'란 위선적인 유학자를 비난하는 말이다. 입에 반함을 하지 않은 담헌 홍대용이야말로 위선적인 조선의 유학자들과 달리 양심적이고 고결했던 선비임을 기리고자 한 것이다.

이렇게 본다면, 이 명은 짧지만 대단히 의미심장한, 그러면서 연암만의, 연암다운 추도문임을 알 수 있다. 물론 다른 이들은 이 명을 읽고 오히려 얼굴을 찡그리거나 불온함과 과격함 때문에 분개했을지도 모른다. 아무리 파격이라 할지라도 굳이 명에서조차 '보리 읊조린 유자'를 꺼낼 이유가 무엇이람? 그것은 담헌을 기리는 마음과 별개로, 악을 미워하는 마음이 강했던 연암 내면의 울림 때문이었다. 연암이 10대 이후로 가장 못 견뎌 한 것이 바로 위선으로 가득 찬 사대부의 언행과 작태였다. 그렇기에 「호질」에서는 학문을 파는 큰 도둑놈으로 위선적인 선비 북곽 선생을 등장시켜 명성 뒤에 구린내 나는 사대부를 풍자하는 데 주저함이 없었다.

그런데 이 글에서 연암은 한 번도 자신과 담헌과의 관계나 우정을 언급하지 않았다. 오히려 일관되게 중국 문인과 담헌의 우정과 교유만을 부각시키고 있어 그 의도가 의뭉스럽기까지 하다. 이것이 연암의 고약한 글쓰기 전략임을 간과해서는 안 된다. 사적인 감정조차도 사회적 문제와 연결시켜 사회를 향한 목소리를 높이고 있는 것이다. 그것은 담헌이 중국인들에게 인정받고 소통할 수 있었던 것과 달리, 정작 조선 땅에서는 자기 뜻을 펴지 못한 채 죽은 사실을 애통해 하던 연암의 마음을 보여 주고 있는 것의 다름 아니다. 연암만이 사유하고 표현할 수 있는 글과 인식 세계의 일단을 이에서 확인할 수 있지 않을까? 그래서일까? 연암의 이 묘지명은 오묘하기까지 하다.

4
백자유인박씨묘지명伯姊孺人朴氏墓誌銘:
큰누님 박씨 묘지명

연암의 큰누님이 43세의 나이로 요절했다. 연암은 먼저 간 누님을 그리워하며 이 묘지명을 썼다. 특별히 여기서 연암은 어린 시절 자신의 기억 속에 남아 있던 큰누님과의 이별을 회상했다. 이때 두 사람이 이별한 장소가 물가였다. 연암에게 강과 물가는 이별의 상징처럼 다가오던 공간이었다. 연암에게 특별한 공간으로 남아 있는 '강가'의 의미를 이 글에서 확인할 수 있다.

유인孺人의 휘諱는 아무요 반남 박씨다. 그 아우 지원 중미가 다음과 같이 기록한다.

유인은 16세에 백규伯揆 이현모李顯模에게 출가하여 1녀 2남을 두었으며 신묘년(1771) 9월 초하룻날에 돌아갔다. 향년은 43세이다. 남편의 선산이 아곡鵶谷에 있었으므로 장차 그곳 경좌庚坐의 묘역에 장사하게 되었다. 백규가 어진 아내를 잃고 난 뒤 가난하여 살아갈 방도가 없게 되자, 그 어린 것들과 여종 하나와 크고 작은 솥과 상자 등속을 끌고서 배를 타고 가 협곡으로 들어갈 양으로 상여와 함께 출발하였다. 중미는 새벽에 두포斗浦의 배 안에서 송별하고, 통곡한 뒤 돌아왔다.

아, 슬프다! 누님이 갓 시집가서 새벽에 단장하던 일이 어제인 듯하다. 나는 그때 막 여덟 살이었는데 버릇없이 드러누워 말처럼 뒹굴면서 신랑의 말투를 흉내 내어 더듬거리며 정중하게 말을 했더니, 누님이 그만 수줍어서 빗을 떨어뜨려 내 이마를 건

드렸다. 나는 성이 나서 울며 먹물을 분가루에 섞고 거울에 침을 뱉어 댔다. 누님은 오리 모양의 노리개와 금으로 만든 벌 모양의 노리개를 꺼내 주며 울음을 그치도록 달랬었는데, 그때로부터 지금 스물여덟 해가 되었구나!

강가에 말을 멈추어 세우고 멀리 바라보니, 붉은 명정銘旌이 휘날리고 돛 그림자가 너울거리다가, 기슭을 돌아가고 나무에 가리게 되자 다시는 보이지 않는데, 강가의 먼 산들은 검푸르러 누님의 쪽 진 머리 같고, 강물 빛은 거울 같고, 새벽달은 고운 눈썹 같았다. 눈물을 흘리며 누님이 빗을 떨어뜨렸던 일을 생각하니, 유독 어렸을 적 일은 역력할뿐더러 또한 즐거움도 많았고 세월도 더디더니, 중년에 들어서는 노상 우환에 시달리고 가난을 걱정하다가 꿈속처럼 홀쩍 지나갔으니 남매가 되어 지냈던 날들은 또 어찌 그리도 빨리 지나갔던고![16]

연암은 누님의 상여를 실은 배가 강물을 따라 흘러 사라져 가는 것을 보며 울음을 터뜨렸던 것으로 보인다. 그때 연암의 머릿속에 강렬하게 남아 있던 이미지는 강에 비친 산 그림자와 새벽달이었다. 왜냐하면 이들은 각각 누님의 쪽 진 머리와 눈썹 같았기 때문이었다. 누님이 시집갈 때 장난치며 어리광 부리던 자신의 모습과 28년 후 누님의 상여가 나갈 때 느끼던 자신의 모습이 오버랩될 수 있었던 것은 누님이 시집가던 날의 새벽 정경과 상여 나가던 때의 새벽 풍경이 비슷했고 장소도 강가였기 때문이다. 물가에서 가슴 아픈 이별을 했기에 연암은 물가의 이별을 가장 슬픈 이별로 인식해 왔다.

연암이 북경에서 열하로 떠나기 전 동행했던 하인과 며칠 떨어져 있을 때 느낀 감정을 적은 글에서도 그러한 이별의 상처를 발견할 수 있다. 하인 장복과 창대가 연암을 모시고 북경까지 왔는데, 북경서 열하까지는 한 명만 데려갈 수 있다고 해 한 명은 남고 한 명은 떠나야 하는 상황에서 창대와 장복 차마 헤어지지 못하고 눈물을 흘린다. 이를 보며 연암은 '이별에 관한 깊은 사유'에 빠져든다.

인간에게 이별보다 더한 괴로움은 없을 것이다. 그러므로 이별의 괴로움 중 생이별보다 더한 것이 없으리라. 한 사람은 죽고 한 사람은 사는 저 생사의 영결쯤이야 족히 괴롭다고 말할 것이 못 된다. 아득한 옛날부터 인자한 아버지와 효성스런 자식, 믿음직한 남편과 살가운 아내, 의로운 임금과 충성스런 신하, 피로 맺은 동지와 마음으로 사귄 친구 등의 관계라면 임종하는 자리에서 마지막 유언을 주고받을 때나 혹은 안석案席에 기대어 신하에게 나라의 일을 부탁할 때 모두들 손을 부여잡고 눈물을 뿌리면서 거듭 애끓는 당부를 하는 법이다. 이것은 세상의 어느 부자, 어느 부부, 어느 군신, 어느 붕우 사이에서라도 모두 있을 수 있는 일이요, 또 세상에 인자하고 효성 있고 살갑고 믿음성 있고 의롭고 충성되고 피로 맺고 마음으로 사귀는 사이에서는 누구나 함께 우러나오는 심정일 것이다. … 이별할 때 그 장소가 어디냐에 따라서 괴로움은 더욱 커지는 것이다. 그 장소란 정자도 아니요 누각도 아니며, 산도 아니고 들도 아니다. 물이 있는 곳이 바로 그러한 장소이다. 큰물인 강과 바다, 작은 물인 도랑과 시냇물만을 물이라 말하는 것은 아니다. 되돌아오지 않고 흘러가는 곳이야말로 모두 물이 있는 이별의 장소이다.[17]

이 세상에 살고 있는 두 사람의 생이별이 한 사람을 떠나보내는 사별보다 훨씬 더 괴로운 이별이라고 했다. 그러면서 이별의 장소에 따라 그 슬픔이 배가된다고 했다. 그런 이별의 장소 중에서도 물가가 가장 슬픈 장소라고 연암은 말한다. 그것은 자신의 누님을 보내던 물가에서의 이별을 가장 인상적으로 기억하고 있었기 때문이 아니겠는가?

그런데 강가에서의 이별은 고전문학 작품에서 번번이 사용되는 문학적 기억의 한 광경이기도 하다. 일찍이 백수광부白首狂夫가 강에 뛰어들어 죽고 이 이별의 현장을 바라본 백수광부의 처가 불렀다는 노래를 곽리자고霍里子高라는 이가 듣고 자기 아내 여옥에게 들려주었다는 노래 「공무도하가」도 강가에서 불렸던 것이다. 죽음과 삶을 가르는 공간으로서 강물은 이별의 슬픔을 비유하기에 적합하다.

어디 그 뿐인가? 고려 시대 정지상의 한시 「송인送人」에서도 이별의 슬픔을 노래하는 화자는 대동강 강가에 서서 슬픔의 눈물을 대동강 물에 흩뿌리지 않았던가? 저 도도한 강물은 어디론가 흘러가기에 이별을 떠올리기 쉽다. 거스를 수 없는 물살의 힘 때문에 더더욱 그 강가에 선 이들은 더 초라하고 연약해 보이지 않을 수 없다. 그 이별이란 운명의 무게 앞에 휘청거릴 뿐임을 너무나 잘 알고 있기 때문이다.

연암이 51세 때 친형 박희원朴喜源이 죽은 후 그를 그리워하

며 지은 한시 〈연암억선형燕巖憶先兄〉를 보자. 여기서도 사별의
슬픔과 그리운 마음으로 가득한 시적 화자는 물가를 벗어나
지 못한다.

우리 형님 얼굴 수염 누구를 닮았던고?

我兄顔髮曾誰似(아형안발증수사)

돌아가신 아버님 생각나면 우리 형님 쳐다봤지.

每憶先君看我兄(매억선군간아형)

이제 형님 그리우면 어드메서 본단 말고.

今日思兄何處見(금일사형하처견)

두건 쓰고 옷 입고 가 냇물에 비친 나를 봐야겠네.

自將巾袂映溪行(자장건몌영계행)[18]

보고 싶은 형님의 얼굴을 그 어디에서도 볼 수 없으니, 시적
화자는 물가로 가서 강물에 비친 자신의 모습을 보며 그리운
형님의 모습을 보는 양 대리만족을 할 수밖에 없다고 했다.
그러나 어디 이별이 물가에서만 의미 있는 것이겠는가? 만남
과 이별의 무게는 등가다. 이별의 무게를 덜려거든 그만큼 만

남의 무게를 쌓아야 하리라.

강물을 소재로 한 연암의 명문 중에는 「일야구도하기―夜九渡河記」를 빼놓을 수 없다. 현재 북경 시민들의 상수원이 된 밀운密雲 저수지가 실은 연암이 열하로 가던 도중 하룻밤에 아홉 번을 건넜다는 이야기의 배경이다. 혹자는 이 글이 실은 어느 날 밤 연암이 '구도하'라는 강을 건넌 이야기를 쓴 것이라며 아홉 번을 건넜다는 것은 어불성설이라며 반박하기도 한다. 강을 바라보며 느낀 소회를 연암은 이렇게 표현해 냈다.

물이 두 산 사이에서 흘러나와 바위와 부딪치며 사납게 싸우면서, 놀란 파도, 성난 물결, 분이 난 큰 물결, 화가 난 물보라, 구슬픈 여울, 흐느끼는 소용돌이가 달아나며 부딪치고 굽이치고 곤두박질치면서 으르렁 소리치며 울부짖고 포효하며, 언제나 만리장성을 꺾어서 무너뜨릴 기세이다. 만 대의 전차戰車, 만 마리의 전투 기병대, 만 틀의 전투 대포, 만 개의 전투 북을 가지고 무너뜨리고 깔아서 뭉갤 것 같은 저 야단스러운 소리를 충분히 형용할 수 없으리라. 모래밭 위에 큰 바윗돌은 우뚝하게 외따로 섰고, 강 둔덕의 버드나무숲은 까마득하고 어두컴컴하여 마치 물귀신과 강 도깨비가 앞을 다투어 뛰어나와 사람을 놀리는 듯, 교룡과 이무기가 양쪽에서 서로를 움켜쥐고 낚아채려 날뛰는 듯하다. 혹자는 말하리라. 여기는 옛날 전쟁터이므로 강물이 이렇듯 으르렁거리며 소리를 낸다고. 그러나 이는 그런 까닭이 아니다. 무릇 강물 소리란 듣는 사람이 어떻게 듣느냐에 달려 있을 뿐이다.

...

나는 오늘에서야 도道라는 것이 무엇인지 깨달았도다. 마음에 잡된 생각을 끊은 사람, 곧 마음에 선입견을 가지지 않는 사람은 육신의 귀와 눈이 탈이 되지 않거니와, 귀와 눈을 믿는 사람일수록 보고 듣는 것을 더 상세하게 살피게 되어 그것이 결국 더욱 병폐를 만들어 낸다는 사실을. ... 무릎을 굽혀 발을 모으고 안장 위에 앉았으니, 한 번만 까딱 곤두박질치면 그대로 강바닥이다. 강물을 땅으로 생각하고, 강물을 옷이라 생각하며, 강물을 내 몸이라 생각하고, 강물을 내 성품과 기질이라고 생각하며, 마음속으로 까짓것 한번 떨어지기를 각오했다. 그랬더니 내 귓속에는 강물 소리가 드디어 없어져 무릇 아홉 번이나 강물을 건너는데도 아무런 근심이 없었다. 마치 안방의 자리나 안석

위에서 앉고 눕고 일상생활을 하는 것 같았다.[19]

　강물 소리를 어떻게 듣느냐가 중요하다는 사실을 말하고 있다. 어찌 보면, 모든 것은 마음먹기에 달려 있다는 '일체유심조一切唯心造'의 불교사상과도 맞닿아 있다. 소리가 시각적 환상으로 다가오는 것이 실은 스스로 만들어 낸 허상이므로, 어떤 마음 상태로 사물과 대면하느냐에 따라 인식의 내용이 달라짐을 역설하고 있다. 연암에게 있어 물은 이래저래 강렬한 자기 성찰의 인식의 테제로 작동하고 있음이 분명하다.

5

답창애문答蒼厓文:

창애蒼厓 유한준俞漢寯에게 보낸 답장

　「답창애答蒼厓」는 연암이 창애蒼厓 유한준俞漢寯(1732~1811)에게 보낸 답장 편지글이다. 당시 고문古文의 대가로 인정받던 유한

준이 연암에게 자신의 글을 품평해 줄 것을 부탁하자 연암은 편지에서 창애의 글이 질식할 것 같은 고답적 모방에 머물고 있음을 신랄하게 비판했다. 이 편지글에서 연암은 평소 생각하던 문장론, 곧 당시 성행하던 고문 글쓰기의 병폐를 조목조목 들춰냈다.

그런데 연구자 중에는 연암의 편지를 받아 본 창애가 분노했고, 그 후로 두 사람은 원수지간이 되었다고 얘기하는 사람이 있다. 그런데 두 사람은 이후에도 여러 차례 편지를 주고받았고 단순히 이 편지만으로 집안 간 갈등으로 확대되었다는 것은 이야기하기 좋아하는 이들의 가십거리로 부풀려진 측면이 있다. 연암 집안의 묘를 이장하는 문제까지 포함해 여러 요인이 집적되어 집안 간 갈등으로 커졌음을 고려할 필요가 있다. 결국 연암의 손자인 박규수朴珪壽와 창애의 손자인 유길준兪吉濬 대에서 두 사람이 전격 화해함으로써 집안 간 분쟁은 마무리되었다.

사실 창애의 글 중에는 당대뿐 아니라 오늘날까지도 많이 회자되는 것이 있다. 특히 유홍준 교수의 『나의 문화유산 답사기』에서 소개되어 더욱 유명세를 타게 된 "알면 사랑하게 되고 사랑하면 보이나니 그때 보이는 것은 이전과 같지 않으리라知則爲眞愛, 愛則爲眞看, 看則畜之而非徒畜也"라는 표현은 실은 창애가 한 말이었다.

그런데 연암은 왜 창애의 글을 못마땅해 했을까? 여러 차례 창애에게 보낸 답장 내용을 먼저 확인해 보자.

보내 주신 문편文編을 양치질하고 손을 씻은 뒤 무릎 꿇고 정중히 읽고 나서 말씀드리오. 문장이 몹시 기이하다 하겠으나, 사물의 명칭에 빌려 온 것들이 많고 인용한 전거들이 적절치 못하니 그 점이 옥의 티라 하겠기에 노형을 위해 아뢰는 바요. …
벼슬 이름이나 지명은 남의 나라 것을 빌려 써서는 안 되오. 땔나무를 지고 다니면서 소금을 사라고 외친다면, 하루 종일 다녀도 땔나무 한 다발을 팔지 못할 것이오. 이와 마찬가지로 황제가 거처하는 곳이나 제왕의 도읍지를 모두 '장안長安'이라 일컫고, 역대의 삼공三公을 모조리 '승상丞相'이라 부른다면, 명칭과 실상이 뒤죽박죽되어 오히려 속되고 지저분해지고 말지요. 이는 곧 좌중을 놀라게 한 가짜 진공陳公이나 눈 찌푸림을 흉내 낸 가짜 서시西施와 같소.

그러므로 글 짓는 사람은 아무리 명칭이 지저분해도 이를 꺼리지 말고, 아무리 실상이 속되어도 이를 숨기지 말아야 하오. 맹자가 이르기를, "성은 같이 쓰지만 이름은 홀로 쓰는 것이다"라고 했소. 그러니 또한 "문자는 같이 쓰지만, 글은 홀로 쓰는 것이다"라고 하겠소.[20]

창애가 보낸 글을 읽기 전에 연암은 양치질을 하고 손을 씻고 무릎까지 꿇은 자세로 정독했음을 먼저 밝혔다. 판결을 내리기 직전의 판사인 양 사적 감정을 배제한 채 진중하고 공평한 마음 상태로 글을 읽고 자신의 생각을 조심스레 개진하려는 마음 자세를 엿볼 수 있다. 이는 연암 역시 이후에 들려줄 자신의 평가가 상대에게 어떤 영향을 미칠지 알고 있고, 그 파장까지 예상하고 있음을 염두에 둔 것일 수 있다. 그런 후 창애의 글쓰기가 어떤 문제가 있는지를 예를 들어 가며 하나씩 비판하고 있다.

그 비판의 핵심은 전거나 기존 명칭을 그대로 가져다 쓴다는 것이었다. 예컨대 고문론자들이 중국의 명문을 숭상한 나머지 중국 지명과 이름조차 그대로 갖다 쓰는 것이 문제라고 했다. 멋져 보이고 대단해 보이는 것을 따라할 때 나 또한 그런 대단한 존재나 대상이 될 수 있을 거라는 막연한 추종 심리, 곧 일종의 유감 주술類感呪術이 글쓰기에 작동된 것이 '고문 따라 하기'이고, 이 자체가 적폐라고 했다. '한양'을 '장안'으로, '정승'을 '승상'으로 부름으로써 지금 여기에 조선의 사대부로 존재하는 창애는 없고, 과거 중국에 있었던 존재와 사실만 회구하는 소중화주의자 창애만 있을 뿐임을 강조한 것이다. 결국 창애의 글은 창애만의, 창애에 대한, 창애를 위한 사색과 표현은 발견할 수 없는, 그래서 죽은 글이라 보았다. 글은 홀로 쓰는 것이라는 일침. 그것이 연암이 창애에게 할 수 있었던 최대한의 애정 어린 충고가 아니었을까?

그런데 연암은 두 번째 답장에서 충고의 전술을 바꾸었다. 속 깊은 일화를 소개하며 창애의 글쓰기를 우회적으로 들었다 놨다 하는 내공을 선보인다.

본분으로 돌아가 이를 지키는 것이 어찌 문장에만 해당되리오. 일체 오만 가지 일들이 모두 다 그렇다오.

화담(서경덕)이 밖에 나갔다가, 제 집을 잃어버리고 길에서 우는 자를 만나서 물었답니다.

"너는 어찌 우느냐?"

"저는 다섯 살 적에 장님이 되었는데 그런 지 지금 이십 년입니다. 아침나절 밖에 나왔다가, 갑자기 천지 만물을 환히 볼 수 있게 되었습니다. 기뻐서 집으로 돌아가려니까, 밭둑에는 갈림길이 많고 대문들은 서로 똑같아 저의 집을 구분하지 못하겠습니다. 그래서 울고 있습니다."

"그럼 내가 너에게 돌아갈 방도를 가르쳐 주마. 네 눈을 도로 감아라. 그러면 바로 네 집이 나올 것이다."

이에 장님이 눈을 감고 지팡이로 더듬으며 발길 가는 대로 걸어갔더니, 곧바로 제 집에 이르게 되었다오.

눈을 뜨게 된 장님이 길을 잃은 것은 다름이 아니라, 만물의 모습이 뒤바뀐 데다 희비의 감정이 작용했기 때문입니다. 이것이 바로 망상妄想이라는 거지요. 지팡이로 더듬고 발길 가는 대로 걸어가는 것, 이것이야말로 우리들의 분수를 지키는 참된 이치요, 제 집으로 돌아가는 확실한 인증이라오.[21]

연암이 이 이야기를 꺼내 창애에게 들려준 이유가 무엇인가? 망상을 걷어 내고 원래대로 자신에게 가장 익숙하고 편했던 방식을 찾아 행하는 것을 연암은 자기 본분으로 돌아가는 일이요 자기 분수를 지키는 일이라 했다. 그렇다면 창애에게 자기 본분, 자기 분수란 무엇일까? 연암은 창애가 중국인도, 고문주의자도 아닌, 조선인이자 조선의 사고방식을 가진 사람임을 자각할 것을 주문하고 있는 것이다. 즉 중국 것을 비슷하게 모방하려고만 하지 말고, 자신의 정체성을 보여 줄 수 있는, 자신만의 글을 쓸 수 있을 때, 제대로 된 글을 쓸 수 있다고 처방하고 있는 것이나 마찬가지다. 원래의 조선인, 유한준으로 돌아오는 것이 참된 글, 훌륭한 글의 주인이 될 자격이 있다고 말한 것이다.

창애에게 보낸 세 번째 답장 역시 평범하지 않다. 다음은 편지의 전문이다.

마을의 어린아이에게 천자문을 가르쳐 주다가 읽기를 싫어해서는 안 된다고 나무랐더니, 그 아이가 하는 말이, "하늘을 보면 푸르고 푸른데, '하늘 천天'이란 글자는 도무지 푸르지 않으니, 이 때문에 읽기가 싫어요" 했답니다. 이 아이의 총명이 창힐蒼頡로

하여금 기가 죽게 하는 것이 아니겠습니까?[22]

짧지만 의미심장한 말이 아닐 수 없다. 여기서 연암은 생뚱맞게 한자를 처음 고안했다고 전해지는 창힐을 부끄럽게 만들 법한 아이의 총명한 질문을 이야기한다. '하늘이 검다'라고 규정한 창힐이나 이를 진리인 양 무비판적으로 받아들여 외워 버렸던 고문론자의 허점을 어린아이의 순진하면서도 당돌한 질문을 통해 강력하게 비판하고 있는 것이다. 천자문을 배우기 싫다는 어린 아이의 당돌한 질문과 그 근거는 어린 아이가 현재에 살아 있다는 반증이 된다. 글쓰기란 무릇 자기 체험과 사유의 소산이어야 한다.

그런데 많은 이들은 스스로 체화되지 못한 관념적 생각과 관습적 표현에만 매달려 자기 글이 아닌 다른 사람의 글을 쓰는 법을 연습하거나 모방한다. 연암은 거듭 창애의 글쓰기가 옛 것에서 벗어나지 못했음을 경계하고 권면했던 것이다.

6

수소완정하야방우기酬素玩亭夏夜訪友記:
소완정이 쓴 〈여름밤 벗을 방문하고 와〉에 답한 글

소완정素玩亭은 연암 사단으로 백탑파의 멤버였던 이서구李
書九의 당호다. 『녹천관전서』와 『척재집』이란 문집이 있는데,
녹천관과 척재 모두 그의 호다. 대사간과 이조판서, 우의정 등
청요직을 역임한 양반이다. 박제가와 이덕무, 유득공과 더불
어 연암에게서 배우고 규장각 검서관으로도 함께 근무했다.

「수소완정하야방우기」는 이서구가 홀로 지내던 연암의 서
울 집을 방문하고 돌아와 지은 글「여름밤 벗을 방문하고 와
夏夜訪友記」에 대해 연암이 답한 글이다. 이서구의 글은 연암이
서울 자기 집에서 어떻게 생활했는지 적나라하게 보여 주고
있다는 점에서 흥미롭다. 그리고 이서구가 쓴 글을 읽고 그
글의 내용에 대해 연암 자신이 일종의 변명 내지 부연설명을
가한「소수완정하야방우기」를 비교해 읽으면 더더욱 흥미롭
다. 먼저 이서구가 쓴 글부터 보자.

음력 6월 어느 날, 동쪽 이웃 마을로부터 걸어가서 연암 어른을 방문했다. … 어른이 집에 계시려나 생각하며 골목에 들어서서 먼저 들창을 엿보았더니 등불이 비쳤다. 그래서 대문에 들어섰더니, 어른은 식사를 못한 지가 이미 사흘이나 되셨다. 바야흐로 버선도 신지 않고 망건도 쓰지 않은 채 창문턱에 다리를 걸쳐 놓고 행랑것과 문답하고 있다가, 내가 온 것을 보고서야 드디어 옷을 갖추어 입고 앉아서, 고금의 치란 및 당세의 문장과 당론의 같고 다름에 대해 거침없이 이야기하시므로, 나는 듣고서 몹시 신기하게 여겼다.[23]

이서구가 연암 집을 찾았을 때, 연암은 무척이나 한가롭고 편한 모습을 하고 있었다. 양반의 체통일랑 전혀 보이지 않고, 지극히 인간적인 모습이 그득하다. 이 글에 대해 연암은 이렇게 부연설명을 해 놓았다.

6월 어느 날, 낙서(이서구)가 밤에 나를 찾아왔다가 돌아가서 기記를 지었는데, 그 기에, "내가 연암 어른을 방문한즉, 어른이 사흘이나 굶은 채 망건도 쓰지 않고 버선도 신지 않고서, 창문턱에 다리를 걸쳐 놓고 누워서 행랑것과 문답하고 계셨다" 하였다. 여기에서 말한 '연암'이란 금천金川의 협곡에 있는 나의 거처인데, 남들이 이것으로 내 호를 삼은 것이었다. 나의 식구들은 이때 처가인 광릉廣陵에 있었다.

나는 본래 몸이 비대하여 더위가 괴로울뿐더러, 풀과 나무가 무성하여 푹푹 찌고 여름이면 모기와 파리가 들끓고 무논에서 개구리 울음이 밤낮으로 그치지 않을 것을 걱정하였다. 이 때문에 매양 여름만 되면 늘 서울 집에서 더위를 피하는데, 서울 집은 비록 지대가 낮고 비좁았지만, 모기, 개구리, 풀, 나무의 괴로움은 없었다. 여종 하나만이 집을 지키고 있었는데, 문득 눈병이 나서 미친 듯이 소리를 지르더니 주인을 버리고 나가 버려서, 밥을 해 줄 사람이 없었다. 그래서 행랑 사람에게 밥을 얻어 먹다 보니 자연히 친숙해졌으며, 저들 역시 나의 노비인 양 시키는 일 하기를 꺼리지 않았다.

고요히 지내노라면 마음속엔 아무 생각도 없었다. 가끔 시골에서 보낸 편지를 받더라도 '평안하다'는 글자만 훑어볼 뿐이었다. 갈수록 등한하고 게으른 것이 버릇이 되어, 남의 경조사에도 일절 발을 끊어 버렸다. 혹은 여러 날 동안 세수도 하지 않고, 혹은 열흘 동안 망건도 쓰지 않았다. 손님이 오면 간혹 말없이 차분하게 앉았기도 하였다. 어쩌다 땔나무나 참외 파는 자가 지나가면, 불러서 그와 함께 효제충신孝悌忠信과 예의염치禮義廉恥에 대해 이야기하였는데 간곡하게 하는 말이 종종 수백 마디였다. 사람들이 간혹 힐책하기를, 세상 물정에 어둡고 얼토당토 아니하며 조리가 없어 지겹다고 해도 이야기를 그칠 줄을 몰랐다. 그리고 집에 있어도 손님이요 아내가 있어도 중과 같다고 기롱하는 사람도 있었지만, 그럴수록 더욱 느긋해하며, 바야흐로 한 가지도 할 일이 없는 것을 스스로 만족스러워하였다.

… 이때 나는 과연 밥을 못 먹은 지 사흘이나 되었다. 행랑아범이 남의 집 지붕을 이어 주고서 품삯을 받아, 비로소 밤에야 밥을 지었다.[24]

이서구가 쓴 글과 연암이 답한 글을 모두 읽고 나면 몇 가지 흥미로운 사실을 발견하게 된다. 명문장가요 사색가로서 높은 명성을 얻은 연암이라 할 때 갖게 되는 이미지와 전혀 다른, 지극히 인간적이며 소탈한 보통인으로서의, 꾸밈없는 연암의 모습을 보게 된다. 이서구가 증언하고 이에 대해 연암이

고백한 두 편의 글을 종합하면 다음과 같다.

첫째, 먹을 것이 없어 사흘 동안 굶고 있었다. 하나뿐인 여종마저 배가 고파 도망쳐 버려 혼자 숙식을 해결해야 했다.

둘째, 망건도 쓰지 않고 맨발을 창문에다 걸쳐 올려놓은 채 드러누워 있었다.

셋째, 손님방인 행랑에 머물던 '아랫것'들과 수다도 떨고 기식寄食하며 지냈다.

넷째, 거구여서 땀을 많이 흘렸다.

다섯째, '고요히 지낸'다든지 '갈수록 게으름에 이골이 날' 정도로 기러기 아빠로서 혼자 지내는 삶이 무료하고 한가롭기 짝이 없었다.

여섯째, 오랫동안 세수도 안 하고 망건도 쓰지 않고 두문불출하면서 폐인처럼 지냈다.

무척이나 평범하고 소탈해 보이는 인간 연암을 만나는 것 자체가 놀라움의 연속이다. 이 밖에도 위 인용문에는 없지만, 이 글의 다른 부분을 통해 연암의 또 다른 생활 모습까지 확인할 수 있다.

일곱째, 다리 한쪽이 부러진 까치를 자기 식객인 양 밥알을 던져 주며 길들인 후 까치를 친구 삼아 소일하며 지냈다.

여덟째, 잠에서 깨면 책을 읽고 읽다가 잠이 들면 하루 종일 잠을 자기도 했다.

아홉째, 책을 읽고 자는 일을 반복하다가 싫증이 나면 글을 짓거나 양금洋琴을 연주하기도 했다.

열째, 친구가 술을 사 오면 기뻐 술을 마시며 놀았다.

이로 볼 때, 연암은 가히 한량 중의 우두머리인 양 자기 집에서 혼자만의 생활을 만끽하며, 일절 주위의 구속이나 간섭 없이 자신이 하고 싶은 대로 자족하며 지낸 방콕인(방에서 콕 들어 앉아 지내는 사람)이자 혼족(혼자 생활하는 사람)이나 마찬가지였다. 좋게 말해 그렇지, 사실대로 말하면 하는 짓이 거칠면서 게으르기 이를 데 짝이 없다고 비판받을 법도 하다. 요즘 말로 마치 히키코모리(은둔형 외톨이) 또는 방구석폐인의 모습과도 닮아 있다. 인간관계도 무시하고, 예법과 공부도 무시하며 유희만을 일삼는 듯한, 영락없는 파락호破落戶(집안을 말아 먹고 파탄과 멸망을 자초한 인물)였다. 이런 평가는 연암과 동시대를 살았던 유만주兪晩柱가 쓴 일기『흠영欽英』에서도 보인다.

그런데 문제는 연암이 이런 자신의 생활을 너무나 좋아하고 즐겼다는 사실이다. 세상 사람들이 자신을 어떻게 평가하고 비난하든 개의치 않고 글을 통해 자신의 목소리를 내면 그만이었다. 자신을 타자화하고 객관화한 채 잃을 것도, 눈치 볼 것도 없는 자신의 진솔한 모습을 전달하고자 했다. 비록 실제 생활은 고단하고 서글픈 나날의 연속이지만 그런 느낌을 절제한 채 에둘러 게으름과 방종의 삶을 스스로 고백하고 있는 것과 같다. 이는 오히려 자신의 삶을 적극 인정하고 사랑하되, 완세불공玩世不恭의 태도와 깡다구 있는 소신으로 '얼추 성인'의 경지에 이르렀을 때 보일 법한 자족과 성찰의 결과였다.

연암은 자신이 '남'과 다르지 않음을 인정하는 한편, 삶을 불성실하고 게으르게 만드는 사회와 속세의 이치를 안타까워했음을 자신의 이런 망가진 생활 모습을 공개하는 글쓰기를 통해 오히려 역설적이고 간접적으로, 그러면서 더욱 적극적으로 말했다고 할 것이다.

7
양환집서蜋丸集序[25]

글쓰기는 쉬울 것 같으면서도 어렵다. 자기의 생각이나 사실을 글로 표현한다는 것은 또 다른 지식의 영역이기 때문이다. 머릿속 생각을 글 또는 말로 표현할 수 있을 때야 비로소 그것을 안다고 할 수 있다. 언어 자체가 근본적으로 논리적이기 때문에 언어로 자신의 생각을 표현한다는 것이 논리를 추구하는 것임엔 틀림없다. 그러나 논리라는 도구적 이성에 갇혀 넓게 보지 못하고 더 나아가 진실을 보지 못할 때가 있다. 그러기에 오히려 논리를 넘어서서 존재하는 것에 대한 자신의 사유를 깊이 있게 진전시켜 진실을 추구하고자 했던 동양적 글쓰기에 대해 관심을 갖는 것이 필요하다. 옛 사람들의 글쓰기는 자신의 삶과 사유와 글이 하나이기에 글이 곧 사람이라는 말이 어울린다. 연암 특유의 글쓰기 진면목이 드러난 산문 중 하나가 바로 「양환집서蜋丸集序」다.

『양환집蜋丸集』[26]은 유금柳琴(1741~1788)이 쓴 시를 모은 시문집이다. 유금은 유득공의 작은아버지였다. 평생 벼슬을 하지 않았지만, 서양의 기하학·천문학 등에도 조예가 깊어 자신의 집 서재 이름과 호를 '기하실幾何室'이라 이름 붙일 정도였다. 연암과 박제가, 이덕무 등 백탑파 멤버들과도 친하게 지냈다. 유금은 연암 박지원 주변의 사람들과 교유하면서 당대 조선이 안고 있는 문제점을 깨달으면서 북학의 지향을 공유해 갔던 것으로 보인다.

연암은 다방면에 재능이 있었던 유금이 전각가篆刻家로서 인보印譜를 편찬했을 때에도 이미 서문을 써 준 적이 있었다. 또한 연암이 쓴 「취답운종교기醉踏雲從橋記」에 보면, 6년 전 대보름날 밤에 유금이 다리 위에서 춤을 춘 적이 있었음을 회상하면서 지금은 평안도에 나가 있는 유금이 어떠한지 안부를 걱정하고 있는 대목이 보인다. 그만큼 연암과 유금은 서로 아주 친밀한 관계였으며, 특히 연암이 유금에게 적지 않은 영향을 끼쳤던 것으로 보인다. 유금이 자신이 소중히 여기는 시문집 『양환집』을 내놓고 연암에게 서문을 부탁한 것 자체가 두 사람의 관계가 각별했음을 의미한다. 그런데 연암이 써 준 「양환집서」를 보면 유금의 작품 세계에 대한 품평보다 여러 가지

글쓰기 전략을 제시하고 있는 듯하다. 다소 길지만 그 전문을
보자.

① 자무子務와 자혜子惠가 밖에 놀러 나갔다가 장님이 비단옷을
입고 있는 것을 보았다네. 자혜가 휴 하고 한숨지으며 이렇
게 말했지.

"저런! 자기 몸에 걸치고 있으면서도 제 눈으로 보지 못하다니."

그러자 자무가 말했지.

"비단옷을 입고 컴컴한 밤길을 가는 사람과 비교하면 누가 나
을까?"

마침내 두 사람은 청허聽虛 선생한테 가 물어보았네. 하지만
선생은 손사래를 치며 이렇게 말했다네.

"난 몰라! 난 몰라!"

② 옛날에 말일세. 황희 정승이 조정에서 돌아오자 그 딸이 이
렇게 물었다네.

"아버지, 이[蝨] 있지 않습니까? 이가 어디에서 생기나요? 옷에
서 생기지요?"

딸이 웃으며 말했네.

"그럼"

딸이 웃으며 말했네.

"내가 이겼다!"

이번에는 며느리가 물었다네.

"이는 살에서 생기지요?"

"그럼"

며느리가 웃으며 말했네.

"아버님께서 제 말이 옳다고 하시네요!"

그러자 부인이 정승을 나무라며 말했네.

"누가 대감더러 지혜롭다 하는지 모르겠군요. 옳고 그름을 다투는데 양쪽 모두 옳다니요!"

황희 정승은 빙그레 웃으며 이렇게 말했네.

"너희 둘 다 이리 와 보렴. 무릇 이는 살이 없으면 생겨날 수 없고, 옷이 없으면 붙어 있지 못하는 법이니, 이로 보면 두 사람 말이 모두 옳은 게야. 그렇긴 하나 농 안의 옷에도 이는 있으며, 너희들이 옷을 벗고 있다 할지라도 가려움은 여전할 테니, 이로 보면 이란 놈은 땀내가 푹푹 찌는 살과 풀기가 물씬한 옷, 이 둘을 떠나 있는 것도 아니고, 꼭 이 둘에 붙어 있는 것도 아니거늘, 바로 살과 옷의 '사이'에서 생긴다고 해야겠지."

③ 임백호林白湖가 말을 타려 하자 마부가 나서며 아뢨다네.

"나리, 취하셨나 봅니다. 목화木鞾와 갓신을 짝짝이로 신으셨
습니다."

그러자 백호가 이렇게 꾸짖었지.

"길 오른쪽에서 보는 사람은 내가 목화를 신었다 할 것이요,
길 왼쪽에서 보는 사람은 내가 갓신을 신었다고 할 테니, 내가
상관할 게 무어냐!"

④ 지금까지 말한 것으로 볼진대, 천하에 발만큼 살피기 쉬운
것도 없지만, 그러나 보는 방향이 다르면 목화를 신었는지
갓신을 신었는지조차 분간하기 어려운 걸세. 그러므로 진정
지견眞正之見은 실로 옳음과 그름의 중中에 있다 할 것이네.
가령 땀에서 이가 생기는 것은 지극히 미묘해 알기 어려운
바, 옷과 살 사이에 본래 공간이 있어 어느 한쪽을 떠나 있는
것도 아니고 어느 한쪽에 붙어 있는 것도 아니며, 오른쪽도
아니고 왼쪽도 아니니, 누가 이 중中을 알겠나. 말똥구리는
제가 굴리는 말똥을 사랑하므로 용의 여의주를 부러워하지
않고, 용 또한 자기에게 여의주가 있다 하여 말똥구리를 비

웃지 않는 법일세.

⑤ 자패子珮가 내 이야기를 듣고는 기뻐하며,

"말똥구슬이라는 말은 제 시에 어울리는 말이군요."

라고 하고는 마침내 그의 시집 이름을 '말똥구슬[蜋丸]'이라 한 후 내게 그 서문을 부탁하였다. 나는 자패에게 이렇게 말했다. "옛날 정령위丁令威가 학으로 변해 돌아왔으나 아무도 그를 알아보는 이가 없었으니, 이 어찌 비단옷을 입고 컴컴한 밤길을 간 격이라 하지 않겠나? 또 『태현경太玄經』이 후세에 널리 알려졌으나 정작 그 책을 쓴 양자운揚子雲은 그것을 보지 못했으니 이 어찌 장님이 비단옷을 입은 격이라 하지 않겠나? 만약 그대의 시집을 보고 한쪽에서 여의주라고 여긴다면 이는 그대의 갖신만 본 것이요, 다른 한쪽에서 말똥구슬이라고 여긴다면 이는 그대의 목화만 본 것일 테지. 그러나 사람들이 알아보지 못한다고 해서 정령위의 깃털이 달라지는 건 아니며, 자기 책이 세상에 널리 알려진 걸 제 눈으로 보지 못한다고 해서 자운의 『태현경』이 달라지는 건 아닐 테지. 여의주와 말똥구슬 중 어느 게 나은지는 청허선생께 물어볼 일이니 내가 무슨 말을 하겠나."[27]

일반적인 서문의 형식과 달리, 글의 시작부터 뜬금없이 세 개의 일화가 연속으로 제시되고 있다.(①~③) 그나마 박지원의 생각이 드러나 있는 부분은 뒷부분인데 그 의미 또한 간접적으로 제시되어 있을 뿐이다. 시집 『양환집』에 대한 직접적인 평도 없기에 독자가 그 의도를 스스로 파악해야 한다.

연암은 유금의 시집을 평가하기 전에 '진실을 향한 인식론적 사유'에 대해 말했다. '진정지견眞正之見'이라 하여 '진정한 인식'의 문제를 다루고 있다. 여기서 연암은 유연한 사유와 다양한 관점을 통해 사물과 현상을 바라보아야 진실에 접근할 수 있음을 말하고 있다. 마지막 ⑤ 단락에서 비로소 유금의 시집에 대해 언급하나, 유금의 시집을 한쪽에선 여의주로, 다른 한쪽에선 말똥구슬로 볼 수 있다 하면서 중요한 것은 그런 상대적 판단 자체가 아니라 존재 자체가 갖는 의미에 있다고 보았다. 이는 마치 연암이 자신의 저서인 『공작관문고孔雀館文稿』의 자서自序에서 말한 논리와도 상통한다. 즉 말이란 거창할 필요가 없고, 도에 합당하기만 하다면 기와 조각이나 돌멩이처럼 하찮고 비천한 것도 버릴 것이 없다[語不必大, 道分毫釐, 所可道也, 瓦礫何棄]라고 말한 것과 상통하는 것이다.

①과 ⑤ 단락에서 청허 선생이라는 인물이 누구인지는 중요하지 않다. 또한 과학적으로 황희 정승의 답변이 확실한가 역시 중요하지 않다. 즉 황희 정승에겐 이가 살에서 생기든 옷에서 생기든 둘 다이든 둘 다가 아니든 그것이 중요한 것이 아니다. 오히려 옳고 그름과 이것과 저것의 양극단을 버림 동시에 전체를 아우르는 바로 그 '중(中)', '사이'가 정당한 인식의 지점임을 말하고자 한 것이다. 유금의 시집이 겉보기에도 그럴싸한 여의주일 수도 있고, 비천한 말똥구슬로 보일 수도 있다. 따라서 당장에 자신의 시집을 알아봐 주는 이가 없거나 살아 있는 동안은 인정받지 못하다가 나중에야 이름을 알리게 될 수도 있음을 인정하고 소소한 것에 얽매이지 말 것을 주문하고 있는 셈이다. 결국 세상 사람들이 어떻게 판단하든 이 모든 일련의 것들은 그리 중요한 것이 아니다. 그 과정 사이 '중' 어디쯤에 유금의 시집이 있고 대상이 있다는 사실, 그리고 그 실체와 본질은 좀처럼 변하지 않는 것이란 사실을 말하고 싶었던 것이다.

이처럼 「양환집서」를 읽노라면, 연암은 열린 사유로 세상을 바라보고 자신이 생각한 바를 역설, 유머, 반어, 반전 등과 같은 표현 장치를 동원해 보다 색다르게 표현함으로써 읽는 이로 하여금 많은 것을 생각하게 만드는 문장의 마법사처럼 느껴진다. 연암의 글 속에는 깊은 사유와 통찰이 느껴진다. 연암의 글을 보면 충동적이거나 뚜렷한 자각 없이 쓴 것이 없다. 좋은 글을 쓰기 위해서는 먼저 머릿속에 쓰고자 하는 내용이 있어야 한다. 흔히 자기 주변의 현상과 사물에 관심을 갖고 바라보아야 한다고 말하지만, 일단 깊은 사유를 하기 위해 선행되어야 할 것은 많은 배경지식을 갖추는 것이다. 아는 만큼 보인다고 하지 않았는가. 배경지식을 얻기 위해서는 직접 경험과 간접 경험을 많이 해야 하겠고, 독서가 중요시된다. 이런 토대 하에서 지식과 경험을 글로 재구성할 수 있는 논리적 사유가 요청된다. 이런 점에서 연암의 산문을 직접 읽고 그 의미를 음미하는 것 자체가 한 가지 글쓰기 전략이 될 수 있다.

연암의 글을 보면 일화가 종종 삽입되어 있는 것을 발견하게 된다. 연암은 자신의 생각을 직접적으로 혹은 직설적으로 표현하기보다는 우회적으로 돌려서 표현하려 한 경향이 짙다. 유연하고 열린 사고를 하는 연암에게 있어서 직접적인 표현은 또 하나의 고정된 관념을 만들어 낸다고 여겼기 때문일까? 사실 간접적인 표현 방식은 독자에게 호기심을 불러일으키고 감동을 주는 효과가 직접적인 표현보다 더 크다. 따라서 글쓰기에서 자신의 생각을 우회적으로 표현하는 방법을 의도적이면서 적절히 구사할 필요가 있다. 연암이 이를 통해 노린 것이 있다면 일면적(편협한) 사고방식이나 고정관념을 버리고 사물 전체를 볼 수 있는 시각의 형성에 있다고 할 것이다.

한 가지 더 주목해야 할 것은 '사이聞'와 '중中'이라는 용어를 통해 사물이나 현상을 바라볼 때 다양한 관점에서 접근해야 한다고 보고, 가치의 다원성을 긍정하고 있다는 점이다. 결국 「양환집서」에서 연암이 몸소 보여 주고 있는 좋은 글이란 일면적 사고방식에서 벗어나 다른 면을 아우르는 복안을 가질 때 가능하며, 그러할 때 실체와 본질에 다가간 창의적이고 참신한 자기만의 글을 쓸 수 있다고 말하고 있는 것이라 하겠다. 글을 쓰기 위해서는 먼저 진실이 무엇인지를 알고자 하는 사고력, 즉 사유하는 힘을 기르는 것이 중요하다. 그리고 그 기저엔 유연한 사고와 다양한 관점의 형성이 필요하다.

사람들이 여의주만 훌륭한 줄 알지만, 기실 여의주만이 아니라 말똥구슬도 그 나름의 가치를 갖고 있다. 크고 높고 고상하고 화려하고 위대한 것만이 아니라 작고 사소하고 비천하고 하찮고 보잘것없어 보이는 것들에 내재된 가치와 아름다움에 의미를 부여할 수 있을 때 세상이 달라질 수 있다. 말똥구슬 자체는 여의주가 부럽지 않을 정도의 가치를 인정받은 것이나 마찬가지다. 연암은 유금의 시를 유금 자신이 명명한 대로, 여의주가 아닌 말똥구슬로 보았고, 자신이 생각하는 글쓰기와 상당부분 부합하는 것에 의미를 부여하고자 했던 것이다.

연암이 말하는 작문론은 결국 많은 독서 활동과 경험, 그리고 깊은 사색이 동반될 때 실천 가능한 것이라 할 것이다. 내용과 사상뿐만 아니라 이를 담는 형식도 대단히 중요하다. 그렇기에 매 글쓰기마다 기존 것을 답습한 것은 보이지 않는다. 형식에 얽매이지 않는 진실한 '자신의 글'을 쓰고자 했고, 그렇기 때문에 그 글들이 살아남아 오늘날까지도 훌륭한 글로 평가받고 있는 것이다.

'현재 우리는 과연 자신의 글을 쓰고 있는가?' 이럴 때일수록 기본으로 돌아가려는 노력, 즉 옛 지식인들이 체득하여 거둡 강조했던, 혜안 있는 글쓰기를 더 고민할 필요가 있다. 작문은 사실 하나의 완성된 글보다 한 편의 글이 완성되기까지 필자의 사고과정이 더욱 중요하다. 사고의 변화와 함께 글 쓰는 '태도' 또는 '체질'까지 근본적으로 바뀌어야 글쓰기 방법 역시 따라올 수 있다.

8
열하일기熱河日記[28]

어딘가 미지의 세계로 여행을 떠난다는 것은 누구에게나 커다란 기대와 변화를 불러온다. 특히 그 여행지가 평소 꿈꾸고 동경하던 곳이었다면 직접 그곳을 여행했을 때 맛보는 감흥과 정신적 충격이란 개인사에서 가히 기념비적이랄 수 있다. 더욱이 그 개인이 사회 전반에 큰 영향을 끼치는 작가라면 그 여행은 한 인물에 그치지 않고 하나의 문화이자 사건이라 할 만하다. 그만큼 여행을 통한 개인의 사상적, 심미적 각성과 인식의 변화, 그리고 그 결과로 산출된 작품세계는 가히 인류 지성사에 큰 획을 그을 만하다.

연암의 다채로운 사유가 집적된 저서가 바로 『열하일기』다. 기행하면서 쓴 일기이므로 기행문이자 일기다. 그러나 연암다운 기행문이자 일기라는 점에서 단순하게 생각하고 말 것이 아니다. 한편으로 연암의 8촌 형인 박명원이 이끄는 사절단의 일원으로 참여해 북경을 거쳐 열하까지 갔다 되돌아오는 2,800리 연행길에서 보고 듣고 느낀 바를 날카로운 시각과 유려한 문장으로 빼곡히 적어 나간 '기자 수첩'이자 카메라로 풍광과 장면을 담아낸 '스냅 사진첩'이요 성능 좋은 오디오로 생생한 소리를 담아낸 '녹음테이프'이며 천하와 자신을 비교하며 사유해 낸 '르포 식 수상록隨想錄'이다.

그래서일까? 오늘날 『열하일기』는 조선 5백 년 역사에서 가장 뛰어난 텍스트이자 동서고금 여행문학 중에서 으뜸이라는 평가를 받는다.[29] 단순한 견문기가 아니고 복합적인 구성과 심각한 주제를 가진 다면적인 작품으로 당시의 글 종류 기준마저 무너뜨린 문제작으로 평가된다.[30] 그렇기에 혹자는 이 작품을 근거로 연암을 영국의 셰익스피어, 독일의 괴테, 중국의 소동파에 비견될 만한, 근대 이전 시기 국내 최고의 작가라 평하기도 했다.[31] 당대에 연암의 제자이자 친구였던 이덕무는 『열하일기』야말로 "화엄華嚴의 장엄한 누각이 갑자기 눈앞에 펼쳐진 것 같은 천하의 기서奇書"[32]라 칭송해 마지 않았다. 가히 연암의 사상과 세계관을 고스란히 보여 줄 뿐 아니라 당대 조선 지식인의 사유세계와 여행문학의 깊이를 한 차원 높인 작품이라 부를 만하기 때문이리라.

괴테의 『이탈리아 기행』은 연암의 『열하일기』에 비견될 만하다. 『이탈리아 기행』이 괴테 개인의 인간적 성숙 과정과 글의 변화를 보여 주는 이정표 같은 작품이라면, 『열하일기』는 연암의 사상을 당시 세상의 중심이었던 북경에서 직접 눈으로 보기 전과 이후로 나눌 수 있을 만큼, 연암의 삶과 세계관을 견인한 주요 작품으로 평가할 수 있다. 조선과 독일 내 문학사에서 연암과 괴테의 의식을 바꾼 중요한 문학적 사건이 바로 『열하일기』와 『이탈리아 기행』 집필이라 해도 지나치지 않으리라. 『이탈리아 기행』이 독일 고전주의의 시작을 알리고 그 형성 과정을 보여 주는 이정표라는 평가가 이를 단적으로 말해 준다.[33] 괴테가 20대 시절에 질풍노도와 같은 격정적 감정을 『젊은 베르테르의 슬픔』에서 담아냈다면, 『이탈리아 여행』을 통해 비로소 안정과 조화와 질서를 중시하는 고전미에 눈을 뜨게 되었다. 이는 연암이 20대를 전후한 젊은 시절, 「광문자전」, 「민옹전」 등 불우하게 살다 간 하층민의 삶을 조명하는 글을 쓴 후, 40대에 연암 사유의 원숙미가 물씬 담겨 있는 『열하일기』를 쓴 것과도 상통하는 지점이라 할 것이다.

열하 여행기를 연암이 처음 쓴 것은 아니었다. 이미 연암 이전에 사신으로 중국을 다녀온 연행록과 여행문학 작품이 다수 있었고, 서호수도 『열하기유熱河紀遊』를 써서 열하로의 여행기를 펼쳐 내기도 했었다. 연암의 여행문학은 어느 날 갑자기 혜성처럼 등장한 것이 아니라, 당대 공식적, 개인적 여행문학의 전통 속에서 마련된 것이었다. 다만 여행자로서의 태도와 시각이 다른 연행록과 차이가 있었을 뿐이다.

연행에 참여한 일행 중 한 명이 연암을 중국인에게 '조선 최고의 문장가'라고 소개할 만큼 연암의 문장과 학문은 이미 조선에서 널리 인정받고 있었다. 그러나 연암은 벼슬에 큰 뜻을 두지 않았기 때문에 35세에는 아예 과거시험을 포기했다. 따라서 그가 북경 여행을 떠날 당시(43세) 그는 무관無官으로서 비교적 자유로운 상태였다. 자제군관 자격으로 사절단에 합류하는 행운을 얻었던 것이다.

그러나 연암은 평소 천하의 중심이라던 북경을 직접 돌아보고 싶은 호기심이 많았었다. 우울하고 갑갑한 현실에서 벗어나 홍대용, 박제가 등이 다녀온 천하의 중심을, 그리고 북학의 실체를 직접 눈으로 확인하고 싶은 욕구와 도전 의지가 그를 북경과 열하로 이끌었던 것이다.

연암의 가슴속에는 조선 내에서의 지식과 경험에 안주하지 않고 넓은 세계를 찾아 나서고 싶은 바람으로 충일했다. 그렇기에 북경에서 뜻밖에 열하로의 여행을 또다시 떠나게 되었을 때, 그는 이를 새로운 도전으로 흔쾌히 받아들일 수 있었다.[34] 이처럼 세상과 인생을 보는 안목이 확실히 자리한 가운데, 공식 수행원이 아닌 '꼽사리 지식인'이라는 입장에서 경험한 북경과 열하 여행이야말로 연암에게는 특이하고도 특별한 자유시간이었다. 개성이 있고, 호탕하며, 기지로 충만한 연암이란 괴짜 문인이 독특한 자유여행을 했으니, 이에서 빚어진 여행담은 쉽게 산출되기 어려운 보석과 같은 것이었다. 결과적으로 볼 때, 우리 문학사에서 천만 다행인 사건이 아닐 수 없다.

연암은 6개월 동안 북경과 열하를 여행하고 돌아왔다. 『열하일기』는 여정에 따라 압록강을 건너며 쓴 「도강록渡江錄」부터 북경과 열하를 거쳐 다시 북경으로 왔다가 한양으로 돌아오는 길에 쓴 「금료소초金蓼小抄」까지 25편(이본에 따라 차이가 남)의 항목으로 이루어져 있다. 1780년 5월 25일에 정사 박명원을 위시한 부사와 서장관, 역관, 하인들 등 약 200여 명이 넘는 사절단 일행을 따라 여행길에 오른 연암은 40여 일 만에 북경에 도착한다. 그러나 황제가 휴가차 열하에 가 있다는 사실을 알고는 쉬지도 못한 채 다시 4일 간의 강행군 끝에 열하에 도착한다. 그곳에서 황제를 만나고 공식 행사에 참석한 일행은 다시 북경으로 돌아와 며칠 머물게 된다. 그 후, 10월 27일에 한양으로 돌아옴으로써 6개월 간의 여행이 끝이 난다.

'한양–북경–열하–북경–한양'의 여정 속에서 연암은 장엄한 요동 들판 앞에서 목 놓아 울고 싶은 충동과 새로운 깨달음에 목말라하는 자신의 모습을 발견하는가 하면, 중국의 풍습과 생활모습, 건축물을 보며 역사의 흥망성쇠와 문화의 중심과 주변을 떠올리기도 했다. 중국과 오랑캐, 천하의 중심과 주변과의 관계에 대해 정치, 역사, 종교적 입장에서 날카로운 비판과 대안을 펼쳐 보이는 등 꿈틀대는 여행자 감각을 마음껏 펼쳐 담았다. 또한 번화한 북경과 열하 거리에 놀라기도 하고 중국 문인과의 필담에 열중하기도 했다.

의주에서 압록강을 건너 단동과 책문, 봉황산, 요양과 심양, 의무려산과 금주, 영원성을 거쳐 산해관에 이르기까지는 한때 우리 조상들이 살았던 삶의 터전이자 우리 역사의 흔적이 남아 있는 곳이었다. 그리고 만리장성이 끝나 발해만으로 연결되는 자리에 위치한 산해관 문을 지나 한 번도 우리 역사에서 주인 노릇을 해본 적이 없는 북경에 이른다. 그 후 고북구문을 거쳐 만리장성 밖 북쪽에 황제의 휴양지인 열하까지 다녀온 사행단은 다시 북경을 거쳐 조선으로 왔던 길을 되돌아가는 여정을 가졌다. 이 여정 중간 중간에서 체험하고 사유했던 흔적들을 깨어 있는 감각으로 써 내려간 여행기가 바로 『열하일기』였던 것이다.

계획에 없었던 열하로의 급작스런 여행 덕분에 연암은 「막북행정록」과 같은 명문과 그 이후의 글들을 쓸 수 있었다. 열하의 웅장함과 화려함을 경험한 몇 안 되는 조선인이 될 수 있었다. 또한 라마교에 대한 깊은 성찰과 중국 문인들과의 많은 필담을 통한 다양한 주제를 펼쳐 낼 수 있었다.

연암은 여행 도중에 끊임없이 작품을 구상하고 틈틈이 집필했다. '창작 여행'이라고 불러도 좋을 만큼, 연암은 여행지에서 의미 있는 작품들을 구상하거나 산출해 냈다. 「호질」과 「허생전」이 바로 그 좋은 예이다. 「호질」은 여행 도중에 본 글을 베껴 쓴 것이라고 하나, 『열하일기』에서 연암이 말하고 싶었던 바를 집약적으로 보여 주는 작품이라 의미가 남다르다. 그리고 여행 도중에 상업과 수레의 발달상을 보며 이용후생의 중요성과 북벌론의 공허함을 재차 확인한 연암은 이를 「허생전」으로 형상화해 냈다.

연암은 귀국 후 여행 기록을 다시 정리하면서 곧바로 집필을 시작해 3년 만인 1783년(47세)에 『열하일기』를 완성했다. 그래서일까? 기억의 파편들과 여행의 감흥이 살아 있는 듯 생생하게 전달된다.

1) 관찰자(기록자)로서의 시선

낯선 여행지를 여행하는 여행자는 기록자, 관찰자로서의 시선과 촉각이 남다르다. 장님이 걸어갈 때 귀를 기울여 온갖 소리를 '잘' 들으려 애쓰는 것처럼, 연암은 처음 여행하는 낯선 풍광을 하나라도 놓치지 않으려 했다. 이런 여행을 평생에 두 번 다시 하기 어렵다는 인식도 크게 작동했겠지만, 무엇보다 모든 것에 '잘' 경탄할 줄 아는 여행자의 마음이 더 컸다. 연암은 눈에 비치는 것마다 경탄하며, 자신이 좋아하는 것에 뜨겁게 감격하고, 자신을 놀라게 할 만한 것을 찾고자 노력했다. 그래서 보고 듣는 것마다, 만나는 사람마다 감탄하고 깊이 사색한 내용을 곧바로 적어 두었다.

연암이 목도한 중국은 문화의 주인이 뒤바뀐 상태에서 역동적으로 변화하던 격변기의 모습 그 자체였다. 연암의 눈에 비친 북경 시내는 크고 화려할뿐더러 요란하고 활기가 넘치는 별천지 세계였다.

북경이 점점 가까워지니 수레와 말의 소리가 구름 한 점 없는 대낮에 천둥 번개가 치듯 요란하다. 연도의 좌우에는 모두 부귀한 집안의 무덤들이 있어서 담장을 두른 모습이 마치 여염집들이 모여 있는 것 같다. 담장 밖에는 냇물을 끌어들여 도랑을 만들고, 문 앞에는 돌다리가 있는데 모두 무지개다리였으며, 때때로 돌로 만든 패루도 있다. … 탁자 위에는 관운장이 말을 타고 칼을 비껴 든 모습을 한 인형을 수만 개나 진열해 놓았는데, 크기는 겨우 몇 치밖에 되지 않으며 모두 종이로 만들었다. 교묘하기가 가히 입신의 경지이다. 이것들은 모두 어린아이들이 가지고 노는 완구인데도 종류가 이와 같이 많으니, 그 외의 것은 가히 미루어 짐작할 수 있겠다. 너무도 어질어질하고 황홀하며, 놀라고 헷갈려 귀와 눈과 정신이 모두 피곤할 정도였다.[35]

황홀하고 현란하기 이를 데 없는 북경의 시장판을 지나가며 연암은 눈이 휘둥그레질 수밖에 없었다. 감탄한 내용을 실증적으로 자세히 보여 주고, 관찰하고, 이를 비판적으로 보고자 한 흔적이 작품 곳곳에 녹아들어 있다. 시장의 규모뿐 아니라 상업과 오락이 극에 달한 모습을 처음 보게 되었던 바, 이 자체가 충격이자 커다란 깨달음이었다. 역사적 명소나 정치 현실, 풍습, 관찰한 풍경 자체가 새로운 사유의 단서를 불러일으키는 자극과 변화의 힘으로 작동했던 것이다.

그런데 연암은 낯선 풍경을 단순히 묘사하는 데 그치지 않고, 그것을 대타적對他的 인식의 차원으로 환원시켜 놓는 방식으로 자신의 견해를 분명히 드러냈다. 즉 연암은 대상을 관찰한 후, 그 속에서 사회와 역사의 문제를 끄집어내 비판 의식과 실용 정신을 접목시키는 데 관심을 기울였던 것이다. 예를 들어, 저잣거리에서 행해지던 온갖 요술을 구경한 연암이 11가지나 되는 요술 장면을 촘촘히 묘사해 낸 것 자체도 치밀하지만,「환희기 후지幻戲記後志」에서 요술 구경을 통해 '본다는 것'의 요체를 묻고 그것을 인식론적 사고로 연결 지어 현실 비판의 논거로 밀고 나가고 있는 것을 확인할 수 있다.

이날 나는 홍려시鴻臚寺 소경少卿인 조광련趙光連과 의자를 나란히 하고 앉아서 요술을 구경했다. 내가 그에게, "눈을 달고 있으면서도 시비를 분변하지 못하고, 참과 거짓을 살피지 못한다면 눈이 없다고 해도 옳을 것입니다. 그런데도 항시 요술쟁이에게 현혹되는 것을 보면, 이는 눈이 함부로 허망하게 보려고 한 것이 아니라, 분명하게 보려고 하는 것이 도리어 탈이 된 것입니다" 하였다.[36]

연암은 '환희幻戲'라는 단순한 흥밋거리 소재를 소개하는 데 그치지 않고 눈속임으로 가득 찬 세상을 경계하는 한편, 천하에 두려워할 만한 요술이 간사한 자가 충성스러운 체하며 군자인 척 행세하고 덕행이 있는 체하는 위선적 행위와 같음을 비판하는 논리로 연결 짓고자 했다. 그 시선이 탁월하다.

이런 점에서 『열하일기』는 사회·역사·문화 평론의 성격이 강하다. 『열하일기』에서 보이는 관찰자적 기록은 18세기 후반 이국의 풍물과 사회상을 당대 및 후대 독자들에게 생생히 전달하며, 실상을 재현해 주는 생활 보고서로서의 성격도 지니고 있다. 내용의 사실성과 서술의 생동성에다 비판과 성찰의 사유 세계가 현저하다. 앞에서 언급한 북경 거리에서의 요술 장면 묘사가 그 하나다.

연암은 여행 도중 끊임없이 주변의 사람들과 만나 대화하고, 정보를 나누며, 토론을 벌인 상대에 대해 세심하게 관찰한 바를 묘사해 놓았다. 중국인들에게 연암은 조선의 유명인도, 공식 사신도 아닌, 그저 일개 양반에 불과했다. 그렇기 때문에 그는 청나라의 특별한 감시도 받지 않고 비교적 자유로운 상태에서 많은 중국인을 만날 수 있었다. 그래서 공식 업무로 북경을 찾은 사절단원들과 달리 그의 사유나 글쓰기 역시 자유로울 수 있었다. 그는 시간이 날 때마다 숙소를 빠져나와 중국 문인들과 만나 서로 관심 갖던 주제에 대해 오랫동안 필담을 주고받곤 했다.[37] 여러 중국 문인들과의 필담은 연암 사유의 편폭을 확장시키는 데 적지 않은 영향을 미쳤다.

물론 그 반대로 필담은 조선 지식인의 박식함과 자기주장을 중국인들에게 보여 주는 좋은 기회가 되기도 했다. 연암과 오랫동안 필담을 나누었던 왕민호는 "선생의 변설이 매우 정묘하여, 마치 고려 승려의 가사袈裟에 바늘구멍이 지나간 실밥을 하나하나 꿰뚫어 보는 것처럼 또렷합니다"[38]라며 자신이 연암에게서 많은 것을 배웠음을 인정했다. 연암은 여행 중에도 시간을 아껴 가며 최근 학문 동향을 익히려 했고, 자신의 지식과 식견이 중국에서 얼마나 통할 수 있는지 확인하고, 필담으로 천하동문天下同文을 증명하고자 했다. 연암에게 필담을 통한 대화와 토론이야말로 '창조적 한가함'이었다고 할 것이다.

그 밖에도 연암은 관찰자 입장에서 개성 있는 문체와 시각으로 자신이 만난 사람들을 포착해 내고 있다. 연암은 특별히 해학적 표현을 적절히 섞어 가며 다양한 인간 군상을 개성 있는 시선으로 그려 내는 데 탁월한 능력을 보여 주었다.

이제 저렇게나 급한 발자국 소리가 나는 것을 보아서는 무슨 일인지 알 수는 없으나 큰일이 나긴 난 모양이다. 급하게 옷을 챙겨 입을 즈음에 시대(=중국의 통역 관원)가 급히 달려와서, "지금 즉시 열하로 가야 한답니다"라고 고한다. 변군과 래원이 화들짝 놀라며, "숙소에 불이라도 났답니까?" 하고 묻기에 나는 장난삼아, "황제가 열하로 가서 북경이 비어 있는 틈을 노리고 몽골 기병 십만 명이 쳐들어왔다네"라고 말하자 그들은 놀라서, "으악" 하고 소리를 지른다.[32]

열하로의 여행 소식을 접한 일행이 우왕좌왕하며 난리법석을 떠는 모습을 적어 놓았다. 그런데 정작 자신은 별반 동요 없이, 오히려 그들에게 장난을 칠 정도로 여유 있는 태도로 상대의 행동을 관찰하는 시선을 보여 주고 있어 연암의 능청스러움마저 묻어난다. 연암의 대인배적 면모와 평소 유머 감각이 돋보이는 장면이라고나 할까?

이규상李圭象(1727~1799)은 『병세재언록幷世才彦錄』에서 "연암의 글은 재기가 넘치고 수사와 착상이 뛰어나 한번 붓을 들었다 하면 잠깐 사이에 천여 행이 도도히 뒤따랐다. 그의 「허생전」

과 『열하일기』는 때때로 사람의 턱이 빠질 정도로 웃게 만든다"고 평가한 적이 있다. 연암의 여러 성격과 활동 내용을 볼 때 이규상의 이런 평가는 허언이 아님을 알 수 있다.[40] 당대에 이미 『열하일기』의 글쓰기가 독자들에게 웃음을 통한 큰 공감과 독특한 미학의 세계로 다가갔던 것이다.

이러한 거리 두기를 통한 인물 묘사와 형상화 문제는 밀운성에서 연암 일행이 늦은 밤에 숙소를 구하느라 무작정 아무 중국인의 집 문을 두드렸을 때 주인 소씨의 아들이 나와 낯선 조선인들을 어떻게 생각했을지 상상하며 쓴 장면에서 그 절정을 이룬다. 갑작스레 찾아온 조선 사신단의 방문에 소씨 집안의 아들이 놀란 것은 당연한 일이었다. 이때 연암은 중국인인 소씨 아들의 입장에서 느꼈을 법한 조선 사신단의 인상을 객관화해 서술하고 있다.

그도 그럴 것이 한창 자고 있는 시간에 대문을 두드려 대는 자가 있고, 말과 사람 소리가 시끌벅적한데 응당 처음 들어 보는 소리였을 것이다. 문을 열고 내다보니 사람들이 벌떼처럼 마당에 빼곡하게 들어차 있는데, 이들이 누구란 말인가? 이른바 고려 사람이라. 아무런 기별이나 이유도 없이 여기까지 이르렀으니, 북쪽 변방 사람으로선 처음 보는 사람일 것이다. 응당 안남安南 사람인지, 일본 사람인지, 유구瑠球 사람인지, 섬라暹羅 사람인지 분간이 안 되었을 것이다.

다만 쓰고 있는 모자는 둥근 처마가 지나치게 넓고 이마 위에 검은 일산日傘 같은 것을 걸치고 있으니, 처음 보는 것이라서 '이게 무슨 놈의 모자인가? 이상도 하다'라고 했을 것이다. 입고 있는 도포는 소매가 몹시 넓어서 너풀너풀 춤이라도 추는 것 같으니, 처음 보는 것이어서 '이 무슨 놈의 옷인가? 이상하게도 생겼네'라고 했을 것이다.

목소리는 혹 '냠냠喃喃'거리기도 하고, 더러는 '네네呢呢'하기도 하고, 더러 '까까閣閣'거리기도 하니 이 역시 처음 듣는 것이어서 '이게 무슨 놈의 말인가? 이상도 하구나'라고 했을 것이다. 만약 주공周公 같은 예법에 맞는 의관을 했더라도 처음 보게 되면 오히려 놀랍고 이상했을 텐데, 하물며 우리나라처럼 옷차림이 지나치게 크고 고색창연함에야 말해 무엇하랴.

더군다나 사신 이하의 복장은 모두 구구각각이 아닌가. 역관 무리가 입는 옷이 있고, 비장 무리가 입는 옷이 있으며, 군뢰 무리가 입는 옷이 있다. 역졸이나 마두들은 맨발에다가 가슴을 풀어 헤치고 얼굴은 새까맣게 그을리고 바짝 말랐으며, 옷은 해지고 찢어져 볼기짝과 허벅지를 가리지도 못한 채 시끄럽게 떠들어 대고 '네~이' 하는 소리를 길게 뽑는다. 그러니 처음 보는 모습 이어서 '이게 무슨 예법이란 말인가? 이상하고도 이상한 노릇이 네'라고 했을 것이다. 그는 필시 우리가 같은 나라 사람으로 함 께 온 줄 모르고, 응당 동서남북의 사방 오랑캐들이라고 구분하 여 보고서 모두 떼거리로 자기 집에 들어왔다고 생각했을 것이 니, 어찌 놀라고 겁이 나서 벌벌 떨지 않을 수 있으랴?[41]

생전 처음 낯선 조선인들을 만난 청나라 청년의 시각에서 느꼈을 법한 생각과 대처반응을 청나라인의 입장에서 흥미롭 게 묘사해 놓았다. 넓은 창을 지닌 갓과 넓은 소매 때문에 너 풀거리는 도포는 누가 봐도 우스꽝스러울 수 있다. 조선인은 중국인을 '되놈'이라며 멸시하지만, 그 반대로 중국인은 조선 인을 남만, 북적, 서융처럼 오랑캐로 취급해 '동이'라고 부르며 멸시한다. '냠냠', '네네', '까까' 식의 조선어 발음이 재미있게 들렸을 것 또한 분명하다. 낯선 땅에서 낯선 이의 시각으로 친숙한 조선인을 평가하고자 한 연암의 글쓰기 전략을 보라. 이에서 연암의 상대주의적 관점을 또 한 번 여실히 확인할 수 있다.

유득공의 말마따나 비록 "생김새가 다르고 옷차림이 다른 외국인들이나 칼과 불을 입으로 삼키는 요술쟁이들, 그리고 라마 불교인 황교黄教와 그 승려라 할 반선班禪, 난쟁이들"[42] 등이 괴상망측하달 수도 있지만 현실에서 직접 목도할 수 있는 다양한 인간상을 연암만의 시각으로 보여 줌으로써 조선인을, 아니 자기 자신을 하나의 객체로 인식하고자 한 의식이 놀랍다.

이렇듯 연암의 의식의 밑바탕에는 '일단 의심해 보고 다르게 보는 정신'이 깔려 있다. 이것은 존재론이나 관념론이 아닌 인식론, 곧 인간 존재의 의미를 좌표축에 놓고 이해하려 하기 때문이다. 흔히 x축, y축으로 이루어진 좌표축과 그 평면은 제로 지점에 나, 곧 인식의 주체를 놓고 거기서 각 축으로부터 얼마만큼 떨어져 있는지 그 거리를 관계로 규정하려는 것의 다름 아니다. '내가 중심이다'라는 자기의식은 근대인의 사고방식이라 치부하기 쉽지만, 연암은 이미 자신이 지금 의식한다는 것 자체를 자각하는 메타인식을 충분히 하고 있었던 것이다. 그렇기에 신분과 제도, 성별, 그리고 민족이란 기준에 의해 절대적으로 평가받던 의식에서 한 걸음 비껴 선 채 타자와 주체를 객관화하는 융통성을 보여 주곤 했다. 연암의 대타적 사회의식은 조선인이기 이전에 한 인간으로서 자신과 타인을 주체와 타자로 인식할 수 있는, 근대적 사고를 갖고 있었기 때문에 가능하다. 이런 상대주의적 인식 태도만 놓고 본다면 근대적 자아의 각성을 보여 주는 발언이 아닐 수 없다.

그 결과, 연암은 낯선 곳에서 새로운 사람들과 대면할 때마다 그들을 '잘' 보고 새로운 '발견'을 치열하게 드러내 보이고자 했다. 그만큼 치열한 문제의식을 갖고 크고 넓은 세상을 관찰하고자 했던 태도를 방증한다 하겠다.

2) 사색자로서의 세계인식 태도

연암은 여행을 하면서 '보이는 것' 자체를 관찰하고 기록하는 데 머물지 않고, 그 이면의 의미, 또는 숨은 논리에 대해 깊은 관심을 가졌다. 당시 조선 사회에 팽배해 있던 존명배청尊明排淸 의식에서 벗어나 북학을 추구하고, 중국 제일의 장관이 깨진 기와 조각이나 더러운 흙에 있다고 하면서 중국을 제대로 이해하고자 했던 그였기에 겉으로 드러난 물질적 번영보다 그것을 가능케 하는 힘 내지 원천을 찾고, 그것이 또한 어떻게 생활에 연결될 수 있는지 궁구하는 데 관심이 많았다. 황제가 수도 북경을 뒤로하고 열하로 피서를 떠나는 이유를 분석해 놓은 대목만 해도 그렇다.

지금 청나라가 천하를 통일한즉 비로소 열하熱河라고 이름했으니, 열하는 만리장성 밖의 군사적 요충지가 되는 곳이다. 강희황제 시절부터 여름이면 황제가 항상 머물며 더위를 피하는 장소가 되었다. … 그러나 실제로는 여기가 지형적으로 험하고 중요한 곳을 차지하여 몽골의 숨통을 죌 수 있는 변방 북쪽의 깊숙한 곳이므로, 이름은 비록 피서를 한다고 하지만, 사실은 천자 자신이 나서서 오랑캐를 막으려는 속셈이다. … 열하의 성과 못, 궁전은 해마다 증가하고 달마다 늘어나 사치하고 화려하고 우람하고 장대함이, 북경에 있는 창춘원暢春苑이나 서산원西山苑 등보다 오히려 더 낫다. 게다가 산수의 아름다움이 북경보다 뛰어나므로 황제가 해마다 여기에 와서 머무는 까닭이다. 오랑캐

를 제압하고 막으려던 곳이 도리어 사냥이나 하고 즐기는 장소로 변하고 만 것이다.[43]

 황제가 열하에 머무는 것은 단순히 피서 때문이 아니라, 몽골을 비롯한 북쪽 오랑캐의 침입을 막고 황제의 통치 권력을 보여 주기 위해서라고 했다.[44] 여기서 열하를 북방의 요새이자 제2의 수도로 파악했다는 것은 북경을 절대적 공간으로 인식하지 않았음을 의미하는 것이기도 하다. 이는 북경을 중국의 중심, 아니 천하의 중심으로 인식하고 있었던 당대 조선 지식인의 시각과 사뭇 구별되는 지점이다. 그런데 연암은 여기서 더 나아가 열하가 화려하고 사치한 장소로 변모한 나머지 오히려 방탕한 놀이터가 되어 버렸다며 당대 열하에 대한 비판적 시각까지 분명히 견지하고 있었다. 이는 한쪽으로 치우치지 않고, 객관적으로 사태를 인식하고 바라보고자 했기 때문이다. 그 시각이 긍정적이든, 부정적이든 하나에 치우치지 않고, 가능한 한 객관적이고 이성적으로 사물과 대상을 바라보고자 한 그의 세계인식 태도를 엿볼 수 있는 대목이기도 하다.

유리창에 갔다가 거기에 서 있는 자신의 모습을 떠올리고
는 주체와 타자의 문제, 곧 자신과 자신을 둘러싼 세계 속에
서 자신의 존재 의미와 자리를 성찰하고 있는 경우만 해도 그
러하다.

지금 나는 유리창 안에 홀로 외롭게 서 있다. 내가 입은 옷과 갓
은 천하의 사람들이 알지 못하는 것이다. 나의 용모는 천하 사
람들이 처음 보는 모습이다. 성씨인 반남潘南 박씨는 중국 사람
들이 들어보지 못한 성씨일 것이다. 이렇게 천하 사람들이 나를
몰라보게 되었으니 나는 성인도 되고, 부처도 되고, 현인과 호
걸도 된 셈이다. 거짓 미친 체했던 은나라 기자箕子나 초나라 접
여接輿처럼 미쳐 날뛰어도 되겠지만, 장차 누구와 함께 이 지극
한 즐거움을 논할 수 있겠는가?[45]

자신을 철저히 객관적 타자로 밀어붙여 세계 속의 자신의
존재를 자각하고 있는 것이다. 유리창 한복판에 서 있는 조선
의 선비 박지원은 천하의 무수한 존재 속에 하나에 불과함을
자각했기에 국적이나 가문 같은 것에 더 이상 얽매이지 않고

자유로운 주체로 존재할 수 있다고 했다. 이처럼 넓은 세계를 경험하면서 더욱더 자신을 상대적으로 인식하고, 세계를 특정한 것으로 구속시키지 않을 때 진정한 즐거움을 누릴 수 있다고 연암은 파악했다. 존재론과 인식론을 결부시켜 자신의 존재 의미와 세상을 보는 이치를 궁구코자 한 것이다. 객관적, 이성적, 상대적 인식 태도야말로 연암이 여행하면서 만난 사물과 현상을 개인의 문제가 아닌, 사회 문제로 확장해 적용시키는 데 비상한 재주를 보인 가장 큰 동력 기제였다.

무관들이 입는 복장을 소위 철릭[帖裡]이라 하여 군복으로 삼는데, 세상에 무슨 놈의 군복의 소매가 중의 장삼처럼 너풀너풀하게 생겼단 말인가. 지금 꼽은 여덟 가지 위험은 모두 넓은 소매와 긴 한삼 때문이련만 그런데도 오히려 그 위험에 안주하고 있다.[46]

여기서 연암이 조선의 군복의 불편하고 위태로운 이유를 강하게 주장할 수 있었던 것도 북경 사람들이 입던 옷의 소매와 한삼을 조선의 경우와 비교할 수 있었기 때문이다. 군복이

장삼처럼 소매가 크고 길어 군복으로서 부적합하다는 비판도 이용후생利用厚生적 관점에서 이루어진 것이다. 청나라의 실용적인 벽돌 제작 방법이나 수레를 이용한 상업과 무역 활성화 시스템을 적극 본받아야 함을 강조하며 맹목적으로 명나라를 추종하는 사대주의를 경계하고자 한 것도 이와 상통한다. 「호질」과 「백이숙제 이야기」 등에 그러한 관점이 잘 드러나 있다.[47]

한번은 열하로 가는 길목에 있던 고북구古北口를 지났다. 산능선을 타고 지나는 만리장성의 한 문에 해당하는 고북구, 만리장성이 끝나는 동쪽 끝 산해관으로부터 약 700리 대륙 쪽으로 들어온 위치에 고북구의 성이 있다. 세 겹으로 된 고북구 관문을 한밤중에 지날 때 연암은 흥이 절로 났다. 조선인으로서, 조선의 사신으로서 만리장성을 넘어 열하로 들어가는 이는 최초라고 생각했기 때문이다. 가는 길마다 의미를 부여하고, 기념할 만한 것을 남겨야 한다. 장성에 자신의 이름 석 자를 새길 요량으로 연암은 차고 있던 칼을 꺼내 벽돌 위 이끼를 긁어냈다. 그리고 그 위에다 이름을 쓰고자 했다. 그러나 먹을 갈 물조차 없다. 하는 수 없이 일전에 마시고 남겨 둔 술을 물로 사용해 벼루에 쏟고 먹을 갈아 장성의 벽돌 위에 몇 자를 적었다.

> "건륭 45년(1780) 경자년 8월 7일 밤 삼경, 조선의 박지원 여기를 지나가다."[48]

오늘날에는 바위나 벽돌에 이름을 새기면 문화재법 위반으로 처벌을 받겠지만, 연암은 돌에다 이런 흔적을 남긴 후 감격에 겨워하며 "나는 서생으로서 머리가 희어서야 한 번 장성 밖을 나가는구나"라고 말했다. 그리고 그 성 밖으로 나서며 펼쳐진 자연과 지형을 보며 연암은 또 한 번 커다란 자극을 받게 된다. 저 멀리 산 능선 너머로 잠기는 초승달의 빛이 싸늘하기에 갈아 세운 칼날과 같다고 여기는가 하면, 짐승 같은 언덕과 귀신 같은 바위 형상은 창을 세우고 방패를 벌여 놓은 모습으로 느꼈으며, 큰물이 산 틈에서 쏟아져 흘러내리는 소리는 마치 군사가 함성을 지르며 싸우는 소리와 같다고 했다. 한밤중에 희끄무레하게 보이는 자연 형상과 소리를 제멋대로 상상하며 감수성의 촉수를 높이 세웠던 것이다. 그만큼 연암은 발을 내딛는 땅과 건물, 사람에게서 자극받고, 도전받고, 마냥 배우고, 맛보고, 이를 잘 형용하고자 한 진정한 여행가였음이 분명하다.

3) 세상을 보는 연암의 시각

한편 연암이 북경 조양문 앞에 서서 느낀 것은 역사에 관한 것이었다. 21왕조 3천여 년 역사의 주인공인 중국이라도 역사의 흥망성쇠는 문자가 생긴 뒤로 역사가의 평가에 좌우되었노라 했다.[49] 문자를 매개로 한 역사의 폐해, 또는 모순적 진실을 비판하고 있는 연암의 시각에서 당시 세계의 중심이라 일컬어지던 중국 역사까지도 절대적 숭배의 대상으로 여기지 않고 있었음을 알 수 있다. 다시 말해, 『열하일기』에서 연암은 만주족이 세운 청나라의 발전된 모습을 직접 확인하는 한편, 조선의 낙후한 현실을 안타까워하며 명분뿐인 숭명반청崇明反淸 이데올로기에서 벗어나야 함을 절감했지만, 비록 청나라가 중원의 주인임을 명분론적으로 인정한다 할지라도 그런 중국을 언젠가는 청산되어야 할 역사적 과제로 인식하고 청나라의 붕괴 징후를 예의주시해야 한다고 보았다. 연암은 천하의 중국에 압도당했다기보다 눈 크게 뜨고 중국의 실체를 파악한 후 오히려 천하대세에 대한 날카로운 전망을 내놓고자 했던 것이다.

연암은 신분 사회에서 상층에 속한 양반이었지만 사회현실 비판과 정치, 사상, 종교, 제도, 역사, 문화 전반에 대한 거침없는 비판과 개혁 의지를 곳곳에 피력하는 한편, 그 기저에는 끊임없이 중국 민중의 생활을 들여다보고 있었고, 그들과 나누었던 대화에서 배척이 아닌, 이해와 공존을 찾고 있었다. 물론 조선에서 오랑캐라 일컫는 중국인들이었기에 민중에 대한 관점을 직접적으로 표명하는 것은 어려웠을 것이다. 그러나 연암의 많은 전계 소설 작품(「광문자전」, 「민옹전」, 「예덕선생전」 등)만 해도 국내 하층민에 대한 애정을 다루고 있으며, 『열하일기』에 수록된 「허생전」과 「호질」 등에서도 하층민에 대한 그의 관심을 확인할 수 있다. 이 밖에도 연암이 고북구 장성에 대한 감격을 언어로써 제대로 드러내지 못하는 아쉬움을 드러낸 것이라든가,[50] 새로운 세계의 자연과 예술과 사회에 폭넓은 관심을 쏟으며 자기 수신修身의 과정과 자아의 성숙, 그리고 탐구하는 인간의 모습을 담아내고 있는 부분에서도 당시 세계의 중심부를 찾아 견문하면서 맞닥뜨리고 고민하던 지점을 확인할 수 있다.

결국 『열하일기』에 나타난 연암의 세계인식 태도란 북학과 이용후생, 그리고 상대적 인식, 이 세 가지로 집약된다. 그러면서 연암은 주로 역사와 사회에 관한 비판의식을 적극 피력했다. 배움과 지적 갈망이 컸던 18세기의 지식인 문인 연암은 문명의 중심지로의 여행을 통해 자신의 지적 세계와 감수성, 그리고 사고의 틀을 명료하게 구축하고 그 범위를 확장시켜 나가는 계기를 마련할 수 있었다. 문화와 세계의 중심지에 서 있는 자신의 모습을 새롭게 인식하는 한편, 치열한 기록정신과 비판의식으로 사물과 세계를 객관적이고 애정 어린 시선으로 포용하고자 한 태도에 경의를 표할 만하다. 이런 점에서 『열하일기』는 자기 상대화의 정점을 찍은 걸작이라 평가할 만하다. 중국이란 천하의 중심지에서 작은 나라 조선의 지식인이 자기 존재 의미와 정체성을 찾기 위해 정신적으로 투쟁한 보고서와 방불하다.

연암의 고유한 체험에 기반한 문학 작품이 갖는 의의라면 경험을 통한 깨달음의 인문학적 환원에 있다. 여행지를 인문학적 시선으로 재해석해 낸 연암의 안목이 남과는 달랐다. 사유의 깊이와 표현의 미가 당대 및 현대인의 시대의식과 사회적 요구에 맞아 떨어졌기 때문이기도 하다. 여느 기행문이나 사절단의 연행록과 달리, 사실과 허구를 적절히 배합하면서 기존 관념을 무너뜨리고 사회 현실에 대한 살아 있는 문제의식을 드러내는 수법을 사용하고 있다. 그 과정에서 여행 도중 깨닫거나 확인한 바를 여러 형태의 글로 두루 펼쳐 냈기에 『열하일기』는 기행일기이면서 문학 작품이자 사회평론 모음집과 같다. 세계(천하)를 보며 지식인으로서의 역할과 책임의식을 크게 느끼고, 실천의 문제까지 진지하게 고민했던 기행문이었다. 연암은 북경을 오히려 새로운 사유가 촉발되는, 변화하는 힘의 공간으로 파악했다. 결국 『열하일기』는 근대 이전에 넓은 세계를 만나 자신만의 시선으로 역사와 사회를 향해 외치고자 한 문제의식이 담긴 여행문학이다. 동서양을 막론해 18세기의 시대의식을 뛰어넘는, 보편적 자아와 세계 이해의 본보기가 된다는 점에서 현재에도 그 의미가 남다르다.

4

연암의 사상과 학문: 통섭과 편견 사이

연암은 당시 유행하던 분야별 전문서라 할, 자기 학문적 관심사를 드러낸 백과사전식 저서를 쓰지 않았다. 권문해의 『대동운부군옥』, 이덕무의 『청장관전서』, 박제가의 『북학의』, 유득공의 『발해고』, 홍대용의 『의산문답』, 정약용의 『여유당전서』, 이옥의 『연경』 등 떠오르는 저서가 많은데, 연암은 긴 호흡의 저서라 할 『열하일기』를 제외한다면 이렇다 할 장편 글이 없다. 연암 사후에 평생 연암이 쓴 단편 글을 모아 엮은 문집 『연암집』이 있을 뿐이다. 다만 『과정록』에서 연암이 중년에 중국과 조선의 문헌에 공통적으로 실려 있는 사실들을 뽑아내어 『삼한총서』라는 총서를 만들고자 목록까지는 작성했으나 여러 개인 사정으로 인해 집필까지 하진 못했다[51]고 한것으로 보아 아예 백과사전류 집필에 무관심했던 것은 아니었던 것 같다. 실제 연암의 관심사는 제한이 없었다. 연암을 제대로 이해하기 위해서는 그 전문적 식견과 박학博學·박식博識·박람博覽의 면모를 종합적으로 볼 수 있어야 할 것이다. 몇

가지 분야를 중심으로 연암의 학문적 관심사를 살펴보도록
하자.

1
연암과 북학

'북학北學'은 북쪽의 학문, 곧 조선의 북쪽에서 흥기한 만주족
이 세운 청나라의 학문을 의미한다. 명나라만 천자국으로 인
정하던 당시 조선 지식인의 의식 속에 청나라와 청나라의 학
문은 본받거나 따라야 할 대상이 될 수 없다고 믿던 시기였다.
박제가가 『북학의』를 지으면서 '북학'이란 용어를 사용한 이후
로, 만주족의 학문과 문화를 적극 받아들이고 배워야 한다는
주장에 기초해 이 개념어가 자주 회자되면서 인지도가 높아졌
다. 『북학의』에 정작 청나라 학문에 대한 문제의식이 잘 나타
나 있는바, 북학은 곧 실용주의 학문을 하자는 것이었다.

『북학의』에는 정조에게 농업을 장려하는 방법론을 개진한

글이 실려 있다. 1798년 정조가 농업을 권장하기 위한 목적에서 농서農書를 지어 바치라고 명하자, 당시 영평 현령이던 박제가가 정조에게 올린 글이 바로 아래 인용문 「응지진북학의 소應旨進北學議疏」(임금의 뜻에 응하여 북학의를 바치는 글)이다.

이제 농정農政을 힘쓰고자 하시면 반드시 농정을 해롭게 하는 것들을 먼저 없앤 다음에라야 딴 일을 말할 수 있을 것입니다. 첫째를 말씀드리면, 선비를 도태시키는 것입니다. 현재의 과거시험을 따져 보면, 대과大科나 소과小科에 응시하는 자가 거의 10만 명이 넘습니다. 이들 10만 명뿐이 아니옵고, 이들의 부자 형제도 비록 과장科場에는 나오지 않는다 하더라도, 모두 농사일은 하지 않는 자들이며 특히 농사일을 하지 않을 뿐만 아니라, 모두 농민을 부려 먹는 자들입니다. 같은 백성으로서 한쪽은 부리고 한쪽은 부림을 당하게 되니 자연히 강자와 약자의 형세가 만들어졌습니다. 날이 갈수록 농사일을 더욱 가볍게 여기고 과거는 날이 갈수록 중요하게 여기게만 됩니다.[52]

초정 박제가는 청나라 문화와 문물을 접하면서 왜 조선은 중국과 달리 가난한가를 자문하고 그 해법을 찾고자 고민했던 실학자다. 그는 조선에서는 농사가 필요한데, 생업으로서 농사짓는 이들은 적고 과거시험만 보려는 이들로 넘치는 것이 문제라 했다.

여기서 박제가는 10만 명이나 과거 시험에 몰려드는 것이 과연 정상인가를 따진다. 그러하기에 박제가는 공부가 생업인 양 다수를 차지하는 기형적인 현실에선 희망이 없다고 보고 유생을 도태시켜야 한다는 폭탄 발언을 서슴지 않았던 것이다. 박제가 자신은 서얼 출신의 지식인이었기에 자신의 사상을 현실 정치에 반영할 수 없었다. 그러나 그렇기에 자신의 능력과 끼, 의로움에 대한 열정과 울분을 글로 마음껏 표출했다.

초정은 연암보다도 더 과격하거나 위험한 표현을 쏟아 냈다. 그렇기에 북학파의 만형격인 홍대용과 그 다음 연배의 연암이 주고받은 편지 속에는 초정의 과격한 발언과 의식을 염려하는 마음이 올곧이 묻어나기도 했다. 초정의 글에서는 선동, 선정적 표현이 다수 보이는 반면, 연암의 글에서는 유머러스하면서도 재치 있고, 화려하면서도 질서 있는 내적 논리를 갖춘 수사법을 통해 모난 부분을 감추는 장기가 있었다.

연암 당시 고문론자들이 숭상하던 성리학은 관념의 과잉이 컸다. 이에 반해 중국에서 시작한 고증학은 실증적 태도를 견지하지만 이념의 결여가 문제였다. 박제가는 후자와 같은 약점을 보인 반면, 연암은 성리학과 고증학의 중간 경계를 때로는 잇기도 하고, 넘어서기도 하고, 모방하기도 하고 창발하기도 하는 등 아슬아슬한 줄타기 사유 속에서 그러한 사유가 자기만의 고유한 것이 되도록 만들었다.

사실 근대 이전의 조선사는 유교 이념의 농도에 따라 시대적 성격이 규정되던 역사였다고 해도 과언이 아니다. 유교적 사고방식과 사유체계에서 완전히 벗어난 적은 없지만, 사회가 완고하고 철저했던 시기에 시대와 사회보다 앞서 각성한 개인이 있어 그 사회와 다른 목소리를 발함으로써 점차 사회 변화의 동력을 제공해 주었다.

임진왜란과 병자호란을 겪으면서 조선 사람들의 세계관과 가치관은 크게 변했고 사회 체질도 점차 자본주의 화폐경제 사회로 바뀌어 갔다. 그러나 위정자들은 여전히 구태의연한 이념 논쟁과 이념 구속에 함몰되어 당쟁 정치를 일삼았다. 오늘날 보수와 진보의 사상 대립과는, 일면 같으면서도 다른 양상이었다. 임란 이전에 나타난, 퇴계와 율곡의 사상적 차이가 그 하나의 예다.

우주의 생성원리를 '이理'와 '기氣'로 설명하기 시작한 이후로 인간의 본성까지 이와 기로 이해하려는 시도는 '인간의 본성이 발현되는 원인이 '理에 있다, 아니다 氣에 있다'는 문제로 200년 넘게 극한 대립을 벌여 왔다. 퇴계는 理를 통해 인간의 본성이 드러난다고 본 반면, 율곡은 氣가 본성을 결정짓는 원인이라고 보았다. 이는 어느 하나가 진리가 아니라 관점의 차이 문제임에도 불구하고 그 차이를 인정하지 못하는 사상적 경직성때문에 조선 역사는 피와 죽음으로 얼룩질 수밖에 없었다.

18세기 후반에 연암은 그러한 사고의 경직성을 비판했다. 그리고 자신은 그런 사유 틀에서 벗어나 좀 더 자유롭고 싶어했다. 그러면서 진리는 하나가 아닐 수 있다는 상대주의적 사고를 중요하게 여겼다. 만년에 쓴 「답임형오론원도서答任亨五論原道書」(原道에 대해 임형오에게 답함)란 글에서 연암은 이와 기 중 무엇이 먼저냐를 따지는 것은 부질없는 일이라고 단언했다. 이장문의 글에서 연암이 이와 기뿐만 아니라, 유학 사상에 대해 구체적으로 어떻게 생각했는지를 알 수 있다.

나는 여러 날을 배회하다가 겨우 『맹자』에서 "대저 도道란 큰 길과 같으니 어찌 알기 어렵겠는가?"라는 한 말씀을 발견하고는, 마침내 그것으로써 「원도」편의 주장을 부연 설명하고 가상적인 문답을 만들었네. 당신은 어떻게 생각할는지 모르겠군. 내 시험 삼아 물어보겠네. …

"도란 진실로 일상생활에 있어 마땅히 행해야 할 도리"이건만, 자네가 발걸음에 맡겨 편안히 걷지 않는다면 어찌 그런 줄을 스스로 알 수 있겠는가? 그렇다면 가야 마땅할 바를 아는 것은 길에 달려 있다고 하겠는가, 아니면 발에 달려 있다고 하겠는가? …

또 자네가 올 때 왼발이 먼저였던가 오른발이 먼저였던가? 자네는 장차 고개 들어 생각해 보고는 고개 숙인 채 답을 못할 테지. 대개 이는 발에 대해 잊고 있었기 때문이니, 잊은 것이지 망동妄動한 것은 아니요 애써 하지 않은 것이지 길과 동떨어진 건 아니라네.

… 대개 근원은 하나이지. 그러므로 공자는 하나로써 관철되어 있는 것이 '우리의 도'라고 했네. 자사子思가 그렇게 된 까닭을 다시 설명하기를 '분리될 수 있으면 도가 아니다'라고 했지.

그렇다면 도를 볼 수 있는가? 기氣가 아니면 이理를 드러낼 길이 없네. 그러므로 기는 도의道義와 짝을 이루어서 길러야만 호연浩然해지는 것이지. 사람에 대해 인仁을 합쳐서 말하면 그것이 곧 도일세. 하늘과 사람은 근원적으로 하나요 도와 기가 서로 분리되지 않음은 바로 이와 같네.[53]

이나 기가 어느 하나를 중심으로 작동되어서는 도가 아니라고 했다. 결국 도는 일상생활에서 마땅히 실천되어야 할 것이라는 점에서 이념과 실천의 결과물로 보았다. 기와 이는 상보적 공존 관계에 있다. 어느 하나가 원인이고 결과가 아니라 서로에 의해 원인과 결과가 상대화될 수 있다. 그렇기에 연암은 천명을 즐겨 따르는 것 자체가 형이상形而上에 속하고, 땅과 현실을 믿는 것이 형이하形而下의 세계라고 보았다. 마음[心]을 종鐘에 비유한다면, 본성[性]은 소리와 같고 사물[物]은 종치는 막대기와 같다. 따라서 종이 종 치는 막대기에 의해 움직이지 않으면 소리가 날 리가 없고, 막대기가 어떻게 치느냐에 따라 음의 높낮이가 분별되어 음계 구분이 가능하다. 이처럼 형이상과 형이하의 세계를 분별케 하는 것이 바로 '언어'다. 언어는 이와 기의 형용[容]과 소리[聲]이며, 이 형용과 소리를 체로 삼아 나타낸 것이 바로 문학이 된다.

이 관계를 연암은 저 유명한 '촛불론'으로 쉽게 설명한 바 있다. 즉 초를 천하의 보편적인 도로 이해할 수 있는데, 초에 불이 붙어 활활 타면서 밝은 빛을 발하는 것을 통해 초의 지향점을 알 수 있다고 했다. 초 안에 있는 심지는 마음[心]인데, 이것은 '주관한다'는 의미를 갖는다. 그런데 그 심지에 불이 붙어야 비로소 초의 성질, 곧 초의 본성[性]을 알 수 있다. 그렇기에 본성이란 것은 '그렇게 되게 한 원인[所以然之故]'을 뜻한다. 촛불이 타지 않으면 밝을 수 없고, 촛불 자체는 물[物]에 해당한다. 따라서 여기서 무엇이 선후인지는 중요하지 않다. 다만 서로가 있어 결과가 나타나고 그 원리를 이해할 수 있다. 이와 기가 서로 올라타서 만물이 세상에 나타나고 형체를 갖추게 되었다고 할 것이다.

여기서 2016년 말 대통령 탄핵과 관련한 촛불 민심을 예로 드는 것이 용인된다면, 국민들이 들었던 촛불은 연암이 주장한 이와 기의 상생상보의 결과를 상징적으로 잘 보여 준다. 촛불은 속성상 위로 곧게 타오르고, 수명이 다할 때까지 스스로를 녹이며 닦는다. 그리고 심지를 중심으로 불타기에 늘 중심에 머무르고, 불의 속성을 좇아 화합하려는 성질이 강하다. 이것이 촛불이 지닌 덕성이다. 이처럼 촛불 자체는 그 지향하는 것이 곧고 바를 뿐 아니라, 심지에 불이 붙어 같은 목적을 좇아갈 수 있다. 그 결과 조화를 이루고 밝음을 추구하게 된다면 사람을 사람답게 만드는 인의 실천이 가능하게 된다. 촛불은 어둠을 물리치는 밝음을 의미하는바, 촛불을 켜는 이의 마음속엔 어짊[仁]이 내재되어 있음을 단적으로 증명하는 것이다. 국민들이 각자 마음의 심지에 인의 불꽃이 타올랐기에 세상의 밝음을 볼 수 있게 된 것이다.

2
연암과 경제

연암이 살았던 18세기 후반에는 화폐 경제가 본격적으로 시행되고 있었다. 시전이 들어서고 상거래가 활발한 가운데 유홍 문화 또한 일정 규모 이상으로 작동되던 시기였다. 부를 축적한 이들이 다수 등장하고 빈부의 차가 커지면서 신분과 상관없이 돈이 생활의식에 직간접적인 영향을 미치게 되었다. 벼슬을 하거나 권력을 이용해 축재를 하지 않고 글공부만으로는 돈을 모으기란 쉽지 않았다. 당시 사대부 양반들은 돈에서 자유로울 수 없었고 연암 또한 마찬가지였다. 경제 시스템에 눈을 뜬 사대부들은 농업뿐 아니라 공업(제조업)과 상업(유통업)에도 관심을 갖고 그 실천과 적용에 관심을 보이기 시작했다.

연암은 만년에 왕명으로 지은 『과농소초課農小抄』에서 "후세에 농·공·상의 일이 제대로 되지 못한다면, 그것은 사士가 실학을 제대로 하지 못했기 때문이다"고 했다. 농업과 공업, 그리고 상업이 발달하지 못한 이유를 '사士'의 학문자세, 곧 실학을 제대로 행하지 않았기 때문으로 파악한 것이다. 이때 연암이 말한 실학이 바로 '이용후생利用厚生'의 학문이다. 연암은 『열하일기』에서 "이용利用이 된 연후에 후생厚生이 가능하고, 후생이 된 연후에 덕德을 바로잡을 수 있다"고 말했다. '利用'은 도구(물자)를 예리하게 개발하고 이롭게 사용해 생산력을 높이는 것을 말한다. 그리고 '厚生'은 삶을 풍요롭게 한다는 뜻으로, 오늘날 정치 현안인 복지와 상관된다. 결국 '이용후생'은 기술 발전을 도모해 생활을 풍요롭게 한다는 것을 의미한다. 그런데 연암은 이용후생의 궁극적 목적이 '정덕正德'에 있다고도 했다. 이때의 정덕은 단순히 도덕 질서를 바로잡자는 관념적 의미가 아니라, '경제經濟'의 실천을 의미한다. 물론 이때의 '경제'란 재화나 용역의 생산, 분배, 소비 활동을 의미하는 것이 아니라, '경세제민經世濟民', 곧 세상을 경영해 백성을 구제하는 활동과 '유민익국裕民益國', 곧 백성을 넉넉하게 하고 국가에 이익을 주는 실천 활동을 의미하는 말이다.

매점매석으로 나라 경제가 휘청거릴 정도의 불안한 경제구조를 가진 조선 사회에서 양반, 곧 공부(독서)만 하던 선비 허생의 궁극적 임무는 백성을 넉넉하게 하고 국가를 부강하게 하는 데 있었다. 연암은 '사'를 순수하게 독서에 전념하는 사람으로 보면서도 그들이 추구하는 순수학문이란 실용을 염두에 둔 것이어야 한다고 보았다. 그것은 「허생전」에서 허생을 각성한 선비[士]의 표본으로 그리고 있는 데서 확인 가능하다.

그런데 「허생전」에서의 허생은 한편으로 작가 연암의 분신이다. 생각뿐이던 이상적 세계를 허생을 통해 펼쳐 보이고 있기 때문이다. 10년을 목표로 독서만 하던 허생은 7년 만에 집을 나와 한양의 갑부였던 변씨에게 돈을 빌려 사업을 시작한다. 과일과 제주도 말총을 모두 사들이는 등 매점매석으로 100만 냥을 번 허생은 무인도로 사람들을 데리고 가 이상적인 사회를 마련한 후 돌아와 빌린 돈을 갚고는 다시 독서하는 선비로 복귀한다. 어떤 면에서는 허무한 결말인데, 가출할 당시의 허생과 귀가한 후의 허생은 달라지지 않았다. 나라 경제를 좌지우지할 만한 큰돈을 만지고, 돈을 가지고 자신이 원하는 세계를 세우기도 했지만, 돈을 길거리의 돌멩이처럼 여기는 의식이 작품 곳곳에 배여 있다. 오히려 변씨에게 빌린 돈을 갚으면서 하는 말이 걸작이다. "재화로 인해 얼굴빛이 달라지는 것은 그대들의 세계에서나 일어날 뿐, 만금으로 어찌 도를 살찌게 할 수 있겠소." 돈을 다루었지만, 상업을 직업으로 하는 상인과는 자신이 근본적으로 다르다는 자기 구별 의식이 현저하다. 돈으로는 독서하는 선비의 정체를 바꿀 수는 없다는 자존심의 표시였을까?

이때 허생이 개척한 섬은 실학을 추구하던 선비 연암이 꿈꾸던 세계다. 섬에 남은 2천 명을 향해 허생이 한 말에서 연암의 목표 지점의 일단을 확인할 수 있다.

내가 처음 너희들과 이 섬에 들어올 때의 계획으로는 먼저 너희들을 풍부하게 만들어 놓은 다음에 따로 문자를 만들고, 의관 제도를 새로이 제정하려고 하였느니라. 그런데 여기는 땅이 좁고 내 덕이 부족하니, 나는 이제 여기를 떠나련다.[54]

문자를 새로 제정하고 의관 복식 등 예법을 새로 마련코자 했다는 것에서 새로운 국가를 설계코자 했음을 알 수 있다. 그러나 그런 계획을 실천하기에 그 섬은 작다고 했다. 어쩌면 연암에게 그 섬은 또 다른 조선이었는지 모른다. 실제 조선은 중국처럼 경제 규모도 크지 않고 사람도 적었다. 자신의 큰 포부를 실현하기에 조선의 현실은 아직 역부족인 상태임을 빗댄 것일 수 있다. 독서하는 선비가 가졌던 순수한 비전을 실현할 세계치고 현실적 제약과 과제가 버거워 전진을 위한 전략적 후퇴, 아니 신중한 대응 논리를 모색코자 다시 제자리로 돌아온 것인지도 모른다.

연암은 「원사原士」에서 '독서지사讀書之士'를 강조하면서 그들의 궁극적 책무가 독서의 은택이 세상에 미치고 공적이 대대에 드리워지는 현실세계의 문화설계에 있다고 했다. 『과농소초』에서는 이를 좀 더 구체적으로 언급하고 있다.

사士의 학문은 실로 농공상의 이치를 포괄하여 농업·공업·상업 또한 필히 사를 기다려서야 이루어질 수 있었습니다. 대저 이른바 농업을 밝힌다[明農], 물화를 유통시키고[通商] 공업이 세상을 이롭게 한다[惠工]는 데서, 밝히고 유통시키고 이롭게 하는 등등의 이치는 사가 아니고 누가 할 것입니까? 그런 까닭에 신臣은 후세에 농공상의 일이 제대로 되지 못한 것은 사가 실학을 하지 못한 과오에 있다고 생각하는 것입니다.[55]

사농공상이 신분에 의한 구분이 아닌 생업에 의한 계급으로 보았다. 물론 실제 농·공·상에 종사하는 이들은 대개 천민과 상민으로, 그러한 불평등한 사회 구조의 적폐까지 혁파할 순 없었다. 유수원柳壽垣(1694~1755)이 연암보다 앞서 『우서迂書』에서 "문벌을 숭상하기 때문에 사민의 업이 구분되지 못하고, 사민의 업이 구분되지 못한 까닭에 '사고파는 일'이 성행하지 못하고 있다"고 비판한 것은 탁견이었다. 즉, 양반이 책 읽기에만 매달리고 당리당파에 집착하다 보니 상거래 문화가 발전할 수 없었다며 상공업이 취약할 수밖에 없었던 근본 이유를 내적인 문제, 곧 양반의 독서(무활동성)에서 찾았던 것이다. 결국 진정한 사±란 현실에서 실용할 수 있는 독서를 하는 지식인을 의미한다고 할 것이다. 이것이 이용후생을 내세운 실학자로서 연암이 견지하던 시각이었다.

『과정록』에 의하면, 연암은 "물화를 흔한 데서 옮겨 귀한 데로 가게 하는 일은 상인의 권한으로, 인민과 나라가 그에 힘입게 된다"고 말했다. 이에서 시장에 대한 연암의 경제관을 엿볼 수 있다. 이는 자본주의 시장경제 자체의 자율적 조정 기능을 연암이 충분히 인식하고 있었음을 잘 보여 주는 것이기도 하다. "상인을 관에서 조종하려 들어선 안 된다. 조정하려 들면 정지되고 막히는 것이 나타날 것이고, 정지되고 막히면 손해를 보게 될 것이며, 손해를 입으면 무역 거래일이 황폐해져 농·공이 모두 어려워져 생민이 불신하게 될 것이다"고 본 것도 같은 맥락에서 이해 가능하다. 연암은 관의 무리한 시장

개입이 상인의 손실은 물론, 생산자인 농부와 수공업자에게
까지 영향을 미치게 된다고 주장했다.

재부財富를 잘 다스리는 데는 다른 방법이 있는 게 아니다. 화폐
의 경중을 헤아리고, 물정의 귀천을 조절하는 데 지나지 않는
것이다. 막힌 것은 소통시키고 넘치는 것은 막아서 화폐의 가치
가 너무 오르거나 떨어지지 않도록 함으로써, 물건이 지나치게
비싸지거나 지나치게 싸지는 때가 없게 하는 것이다.[56]

연암은 상거래를 마다하지 않았다. 화폐의 가치를 논한 위
편지에서도 물가와 화폐 조절의 중요성을 강조한 바 있다. 그
런데 이 글을 읽노라면 저절로 연암이 쓴 「허생전」이 떠오른
다. 물론 소설에서는 매점매석으로 일순간에 부를 축적하는
반대 모습을 그려 냈는데, 이는 당시 조선 경제가 그다지 튼튼
하지 못했음을 방증한다. 경제적 이익 추구와 물물거래의 가
치를 인정한 것만 해도 현실적 사고에 기초한 일종의 진보였
다. 이는 상품의 유통과 물물교환의 가치를 국가 부강의 중요
한 요소로 여겨 이용후생을 내세웠던 북학파 실학자들이 갖

고 있었던 공통된 시각이었다.

이것은 비단 경제에 국한한 문제는 아니다. 지식도 나눠야
하고 권리도 의무도 특정인에 한정되어서는 안 된다. 막힌 것
은 소통시키고 넘치는 것은 막아서 어느 쪽으로 치우치지 않
게 하는 것이 민주주의 사회의 본 모습이기 때문이다. 당시로
선 아직 그 단계로까지 나가지 못했지만, 절대적 이념의 장벽
이 깨지면서 지식 소통을 위한 균열의 소리가 사회 전반에서
터져 나오기 시작한 것만은 분명하다.

그러나 여전히 상업을 천시하던 사회 분위기 속에서 연암도
화폐를 가지고 물건을 사고파는 상거래를 직접 행하기란 어
려웠다. 그럼에도 현실에 기초한 욕망은 이념에 기초한 욕망
보다 때론 더 가치 있는 실천을 이끌어 내기도 했다. 가난이
연암으로 하여금 자연스럽게 노동 활동과 상거래를 행하게
만들었기 때문이다. 연암이 백탑파 일원이었던 관재觀齋 서상
수에게 보낸 편지「육매독鬻梅牘」을 보자.

나는 집이 가난한 데다 집안 살림에도 오활하거늘, 산수에 은
거한 방공龐公을 본받고 싶긴 하나, 무능하다고 가족들한테 핀

잔을 들은 소진蘇秦이 그랬듯이 탄식만 하고 있사외다. 허물 벗는 건 이슬을 마시고 사는 매미보다 더디고, 지조는 흙을 먹고 사는 지렁이한테 부끄럽구려. 옛날에 임화정林和靖은 삼백예순다섯 그루의 매화나무를 심어 두고 하루에 하나씩 대하며 소일했건만, 지금 나는 셋방에 살며 이곳저곳으로 이사 다니는 처지이니, 고산孤山과 같은 동산도 없거니와 매화씨를 뿌릴 수나 있겠소?

글짓고 공부하는 사이에 매화나무 가지를 꺾어다 가지를 삼고, 촛농으로 꽃잎을 만들며, 노루털로 꽃술을 만들고, 부들 가루를 꽃술머리에 묻혀 '윤회매輪回梅'라고 이름했소이다. 생화生花가 나무에 있을 때 그것이 밀랍이 될 줄 어찌 알았겠으며, 밀랍이 벌집에 있을 때 그것이 매화가 될 줄 어찌 알았겠소? 하지만 노전魯錢과 원이猿耳의 꽃봉오리는 꼭 진짜 같고 규경窺鏡과 영풍迎風의 자태는 너무나 자연스러워, 땅에 있지 않다뿐 매화의 정취를 듬뿍 풍기는구려. 황혼의 달 아래에서 그윽한 향기를 내지는 않지만 눈 가득한 산중에 고사高士가 유유자적하며 지내는 풍모를 떠올리기에는 족하니, 바라건대 그대에게 먼저 한 가지를 팔아 값을 정했으면 싶구려.

만약 가지가 가지답지 않고, 꽃이 꽃답지 않고, 꽃술이 꽃술답지 않고, 책상 위에 두었을 때 자태가 빛나지 않고, 촛불 아래 두었을 때 성긴 그림자를 드리우지 아니하고, 거문고와 짝했을 때 기막히지 아니하고, 시의 제재로 삼았을 때 운치가 나지 않는 등, 만일 이런 일이 하나라도 있다면 영원히 물리치더라도 끝내 원망하는 말이 없을 거외다. 이만 줄이외다.[57]

이 글은 연암이 32세(1768) 때에 직접 밀랍으로 만든 매화 조화造花를 적당한 가격으로 살 것을 부탁하는 내용의 편지글이다. 연암이 직접 밀랍을 이용해 매화 조화를 만들었다는 사실 자체도 흥미롭거니와 자신이 만든 물건을 시장에 내다 팔 때 과연 얼마를 받을 수 있을지 묻고 있다는 것은 놀랍지 않을 수 없다. 그것도 수신인인 서상수가 서화나 골동품 등을 평가하는 감식가로는 당대 최고였던 인물임을 안다면 더더욱 그럴 수밖에 없다. 여기서 연암이 매화 조화를 만들어 팔고자 한 이유는 자명하다. 보기에 따라서는 일종의 취미 활동으로 만든 것을 인정받기 위한 목적에서였을 것으로 생각할 수도 있다. 그러나 엄청난 노동행위를 통해 만든 것을 팔고자 한 것은 생활상의 궁핍함, 곧 가난 때문이었다. 밀랍 조화를 만들기 위한 육체적 수고는 물론, 이를 팔아 돈을 벌 궁리를 했던 사대부 연암의 모습을 떠올리기란 쉽지 않다. 그러나 당시 홍대용과 이덕무, 유득공도 모두 밀랍을 이용해 물건을 만들 줄 알았다. 더욱이 매화 조화 만드는 법을 연암에게 가르쳐 준 이가 이덕무였다.

이덕무는 매화 조화 만드는 법을 자세히 기술해 놓은 책 『윤회매 10전』을 내놓기도 했다. 총 10장으로 구성된 이 책에는 '윤회매輪回梅'라는 명칭의 유래(벌이 매화의 꿀을 취해 밀랍이 되고, 밀랍이 다시 매화 조화가 된 것을 윤회와 같다 하여 붙인 명칭)로부터 꽃잎·꽃받침·꽃술·줄기·가지 만드는 법 등이 자세히 소개되어 있다. 그런데 이 책 제9장에는 '연암이 서상수에게 윤회매를 판 매매계약서' 전문이 실려 있다. 연암이 만든 매화 조화를 팔기 위해 만든 매매계약서가 실려 있는 것이다.

이 계약서는 임화정林和靖이 매화 판 일을 본받은 것이다. 윤회매 총 세 가지에 크고 작은 열아홉 개의 꽃송이를 꽂았다. 복숭아 나무를 꺾어 가지를 만들고, 밀랍을 끓여 꽃봉오리를 만들었으며, 노루털을 베어 꽃술을 만들었다. 꽃송이 하나당 1푼의 값을 쳐 관재(=서상수)의 돈 도합 19푼을 받고, 「육매독」 한 통을 첨부하여 한낮에 거래한다.

만약 가지가 가지답지 않고, 꽃이 꽃답지 않으며, 꽃술이 꽃술답지 않다든지, 상床 위에 두었을 때 자태가 빛나지 않고, 촛불 아래 두었을 때 성긴 그림자를 드리우지 아니하며, 거문고와 짝했을 때 기이하지 않고, 시의 제제로 삼았을 때 운치가 나지 않는다든지, 만일 이런 일이 하나라도 있다면 동인同人들에게 일제히 알려 영원히 꽃을 사지 못하게 막을 것이다.

윤회매 소유주: 박유관薄遊館 주인

증인 : 형재炯齋, 영암泠菴

글씨 쓴 사람 : 초정楚亭[58]

박유관 주인이 만든 매화 조화 '윤회매'를 관재가 19푼에 산다는 내용의 매매 계약서다. 물건을 파는 박유관 주인은 연암이고, 구매자인 관재는 서상수다. 그런데 계약서에 증인으로 '형재' 이덕무와 '영암' 유득공과 계약서의 글씨 담당자로 '초정' 박제가까지 등장한다. 이쯤 되면 이 계약서가 실용적인 목적의 계약서라기보다 백탑파 멤버들 간에 공유된 일종의 장난스런 계약서임을 쉽게 알아차릴 수 있다.

그러나 여기서 연암이 만든 매화 조화에 관한 당시 물품 거래 정보를 몇 가지 확인할 수 있다. 즉, 앞서 언급한 「육매독」의 내용이 허언이 아님을 증명하는 증거가 될 뿐 아니라, 당시 연암이 서상수에게 사라고 말했던 윤회매가 꽃이 열아홉 송이나 달린 화려한 것이었으며, 꽃송이 하나당 1푼의 가치를 지니고 있고 결국 19푼에 샀다는 사실을 말이다. 이 밖에도 연암이 '박유관 주인'이란 별호를 사용한 사실과 백탑파 여러 멤버들이 이런 거래를 다 알고 있었다는 것까지도 알 수 있다.

그리고 『윤회매 10전』 제8장에 보면, 실제로 연암이 육의전 비단 가게에서 20푼의 돈을 받고 윤회매를 판 사실을 확인할 수 있다. 이때 꽃은 열한 송이였는데 상품가치를 높이기 위해 자기병에다 꽂아 팔았기에 20푼을 받을 수 있었다. 이렇게 번 20푼은 실제로 연암이 자기 집에서 윗방과 건넌방에 하루치 사용하던 땔감 18푼과 기름 값 2푼을 합한 것밖에 되지 않는 값이었다.[59] 아침과 저녁 식사비가 30푼인 것까지 감안하면 하루 생활비로 최소 50푼이 들어갔다. 이런 물가를 감안할 때 20푼짜리 윤회매를 하나 팔아서는 생활에 큰 도움이 될 수 없었다. 그렇지만 이처럼 가난 때문에 상행위를 할 수밖에 없었던 연암의 모습은 당대 일반 사대부 양반들의 자화상이기도 했다.

연암의 전 작품에 등장하는 인물들, 곧 정조 시대에 서울 근교로 똥을 퍼 나르는 일을 하던 똥 장수(『예덕선생전』)나 서울에서 가장 큰 부자였던 변씨(『허생전』), 양반 신분을 돈으로 사려고 했던 정선 부자(『양반전』) 이야기를 통해서도 연암이 생업형 경제사회에 남달리 관심이 많았음을 엿볼 수 있다. 연암도 그런 노동 경제활동을 몸소 행했다. 그렇기에 경제에 관한 한 포부도 있었다. 물품이 곳곳으로 유통되고 상거래가 활발히 일어나기 위해서는 말보다 수레가 더 효율적이고, 수레보다는 선박이 더 효율적이라는 생각에 동의했던 것이다. 그러면서 조선의 백성들이 가난한 것은 한마디로 말해 수레가 국내에 다니지 않기 때문이라고 노골적으로 질타했다. 그리고 수레가 다니지 않는 이유 역시 사대부 탓이라고 했다.[60] 사대부 탓이라 함은 사대부가 성인의 글을 존숭하고 받든다고 하면서 껍질만 가져오고 영양가 있는 알맹이는 보여 주지 못하는 사대부들의 독서 태도가 문제라는 의미이다. 재화의 활용을 개인적 관념 영역으로 받아들이고 말 것이 아니라, 기술적 발전과 유통의 혁신 등을 국가적 차원에서 중시하고 실용적 학문을 적극 추구해야 함을 강조한 것이다. 이런 의식은 북학파 실학자라면 공통적으로 갖고 있던 것이기도 하다.

또 다른 문제는 이런 상업적 유통을 자율적 기능에 맡겨 둘 것이냐, 아니면 가격과 거래를 통제할 것이냐일 것이다. 이에 대해 연암은 자유방임적 경제정책을 내심 추구하고자 했다. 그러나 실제로 이런 정책이 받아들여지지는 않았다. 사대부士大夫라 불리던 선비로서 벼슬하던 '대부大夫'는 아니어도 실학을 탐구하던 '사士'의 자격으로 연암이 꿈꾸었던 경제기획은 거기까지였던 것이다.

3
연암과 광학

연암은 서양 과학이 자랑하는 뉴턴의 광학이론에 밀리지 않는 이론적 식견을 갖추고 있었다. 연암의 조카 박종선朴宗善이 지은 시집 『능양시집菱洋詩集』의 서문을 써 주면서 연암은 빛과 어둠에 관한 생각을 적극 피력한 바 있다.

아, 저 까마귀를 보라. 그 깃털보다 더 검은 것이 없건만, 홀연 유금乳金 빛이 번지기도 하고 다시 석록石綠 빛을 반짝이기도 하며, 해가 비추면 자줏빛이 튀어 올라 눈에 어른거리다가 비췻빛으로 바뀐다. 그렇다면 내가 그 새를 '푸른 까마귀'라 불러도 될 것이고, '붉은 까마귀'라 불러도 될 것이다. 그 새에게는 본래 일정한 빛깔이 없거늘, 내가 눈으로써 먼저 그 빛깔을 정한 것이다. 어찌 단지 눈으로만 정했으리오. 보지 않고서 먼저 그 마음으로 정한 것이다.[61]

까마귀의 날개 색깔을 예로 들면서 검다고 생각하는 까마귀의 날개 빛이 실은 검은색 하나로 단정하기 어렵다고 했다. 자세히 보면 빛의 농도나 각도에 따라 검은색이 실은 우웃빛을 머금은 황금빛 내지 연한 녹색, 때로는 자줏빛이나 비취색으로 보이기도 한다. 본래 까마귀의 색깔을 '잘' 관찰하면 단

일하지 않고 복잡 미묘한 색채의 세계를 볼 수 있다. 사실 빛과 색깔에 관한 광학을 소재로 했지만, 연암은 여기서 사물을 보는 주관적 판단이 실체를 먼저 규정해 버리는 폐단을 지적하고 있다. 즉 실상이 여러 색깔을 지니고 있음에도 불구하고 까마귀를 검다고 생각하는 것은 그 색깔을 자세히 관찰하지 않은 채 시각적으로 그렇게 보인다는 단순한 판단이 문제인 것이다. 그리고 이런 주관적 판단이 다수의 통념으로 고착되어 사회적 상징이 된 결과임을 지적하고 있다. 무비판적인 암묵적 동의가 '까마귀=검다'라는 사회적 편견을 낳고 이를 전승케 된 것이다. 잘 관찰하고 제대로 파악하는 태도가 요청될 뿐 아니라, 통념을 문제시할 줄 아는 삐딱한 시선이 진실에 가까워지는 지름길임을 분명히 했다.

이는 『천자문』에서 첫 번째로 등장하는 네 한자, 곧 '하늘 천天 따 지地 검을 현玄 누를 황黃'에 대한 이해와도 상통한다. 한자 공부를 한 사람이라면 이를 모르는 이 없거니와 오늘날에도 상식적으로 이 부분만큼은 외우고 생활 속에서 쉽게 인용하곤 한다. 그런데 정작 이 한자들의 관계 또는 의미에 의문을 다는 이는 별로 없다. 즉, '하늘은 검고, 땅은 노랗다'는 논리 내지 해석에 대해 별반 이의를 달지 않는다. 『천자문』이라는 교재가 지닌 절대적 위상을 믿거나 선조의 의식 존중 차원에서 별 이견이 없는 것인가? 그런데 이것을 당돌하게 문제제기한 이가 바로 연암이었다. 연암에게 있어, 비록 먹구름으로 뒤덮일 때도 있고 붉게 물든 적흑색을 띠기도 하지만, 대체로 하늘이 푸른 기운을 머금고 있는데, 왜 하늘이 검다고 말하는지 이해가 되지 않았다.

물론 연암처럼 의구심을 갖고 반론을 제기한 이들도 있었을 것이다. 그러나 그럴 때 '잔말 말고 외워'라는 핀잔과 함께 과거 의식 전통의 답습 내지 고수를 요구하기 일쑤인 것이 문제다. 왜냐하면 '天 → 玄'이라는 논리는 일찍이 사서삼경 중 하나인 『역경易經』에도 '天玄而地黃'이라 하여 하늘빛을 '玄'이라 밝히고 있기 때문이다. 그런데 정작 문제되는 것은 이때의 '玄'이라는 한자의 의미가 '흑黑'과 다르다는 것이다. '玄'은 검다[black]의 의미가 아니라 '가물거리다' 또는 '붉은빛을 띤 검은빛'을 지시하는바, 곧 하늘의 다채로운 색채감을 형용하는 한자로 사용되어야 하는데, 이것을 단순히 '검다'라는 의미로 획일적으로 적용, 해석하려는 것이 문제인 것이다.

우리가 상식 내지 진리라고 여기던 것들이 과연 진리이고 진실인지 우리는 어떻게 알 수 있는가? 당연하다고 여긴 것들이 불합리하거나 틀렸거나 왜곡되었다면? 일차적으로 그것을 알기 위해서는 먼저 스스로 의문을 갖고, 따지고 비판하고 잘 관찰하고 살핀 후 판단을 내리는 것이 필요하다. 자문자답하는 사유를 할 줄 알아야 깨달을 수 있다. 진실을 깨닫거나 알게 된 후 그것을 남들이나 사회에 어떻게 말할 것이냐는 또 다른 중요한 문제다. 용기와 실천이 요구되기 때문이다. 주체적 자각과 실천 이성이 필요한 이유가 바로 이 때문이다.

연암이 까마귀 날개 색깔을 갖고 문제제기한 것과 동일한 생각을 서양의 과학자 뉴턴도 했다. 만유인력의 법칙을 발견한 뉴턴은 "햇빛은 무색인데 무지개는 왜 여러 색인가?" 라는 의문을 갖고 이를 설명하기 위해 연구를 거듭했다. 실명할지도 모르는 상황에서 암실에 처박혀 연구를 거듭한 결과, 프리즘 각도에 따라 빛이 7가지 색으로 굴절된다는 사실을 발견한 것이다.

뉴턴의 이런 광학 이론은 인문학적 사고에도 많은 영향을 미쳤다. 1814년 괴테는 뉴턴의 광학이론에 흥미를 느끼고 「시각과 색에 관하여」라는 논문을 썼다. 물론 이때는 연암이 죽은 후의 시기다. 괴테는 이 논문을 쓰기 위해 동시대 젊은 철학자였던 쇼펜하우어(1788~1860)에게 일종의 과제를 던져 주었다. 당시 쇼펜하우어는 베를린대학 철학교수였는데, 헤겔의 명성에 반기를 들고 교수자리를 내던지고 골방에 처박혀 철학 연구에 골몰하고 있었다. 이때 괴테의 과제를 받고 4년 간 연구를 거듭한 끝에 쇼펜하우어는 최대 역작이라 할 『의지와 표상으로서의 세계』(1819)라는 저서로 헤겔 철학에 반격을 가했다. 헤겔은 일반 민중 전체가 갖고 있는 역사의식이 국가를 발전시킨다고 믿었다. 반면 쇼펜하우어는 개인의 의지야말로 세상을 변화시키는 동력이라고 보아 헤겔과 견해를 달리했다. 소위 변증법적 유물론과 개인의 초월 의지가 충돌한 것이다.

이때 쇼펜하우어의 이론적 근거가 바로 괴테가 제공한 문제의식, 곧 '광학'이었다. 빛을 통해 보이는 것과 보이지 않는 것은 무엇이며, 이를 어떻게 이해할 것인가 라는 문제에 대해 쇼펜하우어는 주관과 객관, 의지와 표상의 세계로 나누고 세상을 지배하는 것은 결국 주관적 의지임을 천명했던 것이다. 연암이 까마귀 날개 색깔론을 편 사실을 전혀 알 길 없었던 유럽에서도 동시대에 동일한 문제의식을 갖고 그것을 해결하기 위해 고민했고, 또 그 고민의 결과 인류의 지성사에 큰 획을 긋게 된 사실은 의미심장한 일이 아닐 수 없다.

연암의 광학 이론은 생활의 지혜에서도 빛을 발했다. 이서구의 문집 『녹천관집綠天館集』에 실려 있는 연암의 「소완정기素玩亭記」를 보면, 박람강기博覽强記한 이서구의 독서 방법에 대한 연암의 애정 어린 조언을 확인할 수 있다. 독서와 광학이 무슨 상관이 있을까? 「소완정기」에서는 책 속에 갇혀 책의 내용을 수동적으로 따라가지 말고, 주체적이고 비판적으로 책 내용을 꿰뚫어 읽고 음미하면서 책의 핵심을 간파할 수 있어야 한다고 했다. 다독과 박학이 잘못된 것은 아니지만, 그렇기 때문에 책의 내용을 자기 스스로 곱씹어 읽거나 이리저리 음미하는 일에 소홀할 수 있음을 경계하고자 한 것이다. 연암은 이 글의 서두에서 서재를 짓고 '소완素玩'이란 편액을 걸고 기문을 써 달라는 이서구를 향해 황당한 질문을 던진다.

완산完山 이낙서李洛瑞(=이서구)가 책을 쌓아 둔 그의 서재에 '소완정素玩亭'이라는 편액을 걸고 나에게 기記를 청하였다. 내가 그에게 힐문했다. "무릇 물고기가 물속에서 놀지만 눈에 물이 보이지 않는 것은 어째서인가? 보이는 것이 모두 물이라서 물이 없는 거나 마찬가지이기 때문이지. 그런데 지금 낙서 자네의 책이 마룻대까지 가득하고 시렁에도 꽉 차서 앞뒤 좌우가 책 아닌 것이 없으니, 물고기가 물에 노는 거나 마찬가지일세." … "그렇다면 장차 어찌 해야겠습니까?" "자네는 물건 찾는 사람을 보지 못했는가? 앞을 바라보면 뒤를 놓치고, 왼편을 돌아보면 바른편을 빠뜨리게 되지. 왜냐하면 방 한가운데 앉아 있어 제 몸과 물건이 서로 가리고, 제 눈과 공간이 너무 가까운 탓일세. 차라리 제 몸을 방 밖에 두고 들창에 구멍을 내서 엿보는 것이 낫지."[62]

물고기가 물에서 놀 때 눈에 물이 보이지 않는 이유를 물었다. 그것은 너무 많고 가까이 있기 때문에 보이지 않는 것이다. 이서구는 많은 책을 쌓아 놓고 많은 책을 읽었다. 그러나 그것 역시 문제가 있다. 정보의 홍수 속에서는 오히려 핵심을 찾아내기가 쉽지 않다. 이렇듯 박학다식이 보이는 결함을 극복하기 위해서는 방 바깥으로 나가 문풍지에다 구멍을 뚫어 그리로 들여다보는 방법을 취할 것을 권면하고 있다. 이것이

'약約'의 묘미다. 책의 핵심을 요약할 줄 안 다음에야 눈이 아닌 마음으로 읽을 수 있다. 그런데 눈이 아닌 마음으로 읽을 수 있을 때, 비로소 자연과 세상의 이치를 알 수 있다. 이런 사실을 전제하면서 연암은 이어서 빛(태양)의 속성을 논거 삼아 다음과 같이 설명했다.

"대저 태양은 순수한 양의 기운으로, 사해를 비추어 만물을 길러 낸다네. 진 땅에 빛이 비치면 마른땅이 되고, 어두운 곳이 햇빛을 받으면 환해지네. 그렇지만 나무에 불이 일게 하거나 쇠를 녹이지는 못하는데 그건 왠지 아나? 빛이 퍼지는 바람에 정기精氣가 흩어지기 때문일세. 그런데 만 리를 두루 비추는 빛을 조그맣게 모아서 둥근 유리알을 통과시켜 동그라니 콩알만 하게 만들면 처음엔 연기가 희게 나다가 갑자기 불꽃이 팍 일며 활활 타는 건 왜 그런지 아나? 빛이 합해져 흩어지지 않고 정기가 모여 하나로 되었기 때문이었다." 이서구가 감사해 하며 말했다. "선생님께서는 제게 '오悟'에 대해 가르쳐 주시는군요."[63]

독서법과 관련해 '요약'의 중요성을 언급한 후, 이번에는 '悟'

라는 '깨달음', 다시 말해 어떤 계기에 의해 홀연 마음이 환해지는 어떤 작용을 강조하고 있다. 연암은 책을 눈이 아닌, 마음으로 읽어야 한다고 하면서, 볼록한 유리알을 비추는 것처럼 마음을 모아 읽으면 글을 훨씬 더 깊이 이해할 수 있게 된다고 보았다. 이를 쉽게 설명하기 위해 햇빛과 유리알의 비유를 가져왔던 것이다. 둥근 유리알을 통과한 햇빛을 한곳에 모으면 갑자기 불이 붙듯이 '悟'라는 정신 상태는 어떤 질적 비약을 의미한다. 정신을 집중시킨 독서는 나를 적극적으로 개입시키는 것이다. 그럴 때 자신을 비추며 독서할 수 있다. 독서의 실존적 의미를 광학 원리를 가져와 이해하기 쉽게 설명하고 있는 것이다.

이런 과학 지식은 인문학적 사유의 근간이 된다. 이것은 '박이약지博而約之'다. 넓게 읽고 사유하되, 하나로 모아 집약해야 한다. 박학다식한 독서는 깊고 자세히 궁구하는 독서를 할 때, 그 균형을 이룰 수 있다.

연암은 여러 학문적 동지들이었던 백탑파 멤버들, 곧 홍대용, 이덕무, 박제가 등과 함께 천문학과 자연현상, 빛과 색깔, 우주 생성 원리에 대해 밤새도록 토론하고 사유하며 조선 지성의 꽃을 피웠다. 학문적 영감이 상호작용하여 이용후생, 실사구시의 이론을 만들어 냈다. 그러나 뉴턴의 광학 이론이 계몽주의를 거치면서 인문학적 사고와 만나 꽃을 피웠다면, 조선은 19세기에 유교 이념에 의해 질식되고 경직된 사회로 바뀌면서 그 이전에 만개했던 실학사상이 시들어 버림으로써 결과적으로 서로 다른 방향으로 나아간 것이 안타깝기만 할 따름이다.

4
연암과 음악/회화

연암을 비롯해 조선의 사대부들은 음악에도 조예가 깊었다. 음악을 예禮와 동격으로 놓고 바른 예악을 추구하고 음률을 관장하던 조선 사회에서 글을 짓는 것처럼 음악을 듣거나 연주하는 것이 고급스런 취미, 또는 기본 교양 중 하나였다. 시를 읊고 노래하거나 악기 연주를 들으면 그 사람의 감정과 욕망을 고스란히 느낄 수 있기 때문이다. 따라서 나라에서 나서서 음악까지 통제하고자 했다.

오늘날 피아노나 기타, 바이올린 등 악기를 취미와 소양으로 연주하는 이들이 많은 것처럼 연암도 작은 철현금鐵絃琴을 연주할 수 있었다. 심심할 때나 술을 마실 때 두어 가락 악기를 타며 소일한 사실을 「수소완정하야방우기酬素玩亭夏夜訪友記」에서 확인할 수 있다. 여기서 연암은 자찬하며 자신이 거문고를 타는 것을 자상子桑에 비유했다. '자상'은 『장자』에 나오는 인물로, 자여子輿라는 친구가 자상의 집에 갔을 때 자상이 거문고를 타면서 자신의 가난을 한탄하는 노래를 불렀다고 한다. 전문가 수준은 아니지만, 혼자 웃고 악기 연주하며 분위기를 즐길 줄 아는 정도는 되었던 것 같다.

연암은 음률을 잘 분별하였다. 어느 날 홍대용의 집에 갔다가 들보 위에 양금 여러 개가 걸려 있는 것을 보고는 그것을 내려 보라고 했다. 중국에서 지인들이 갖고 와 선물로 준 것인데 이 악기들을 연주할 줄 아는 이가 없어 그저 들보에 매달아 놨던 것이다. 이에 연암은 거문고 줄을 대조해 가며 쳐 보아 그 악기의 줄을 조율해 연주할 수 있게 했다. 양금이 세상에 퍼지게 된 것이 연암이 양금 줄을 조율해 악기 연주가 가능

해지면서부터라고 말하는 것도 바로 이에서 비롯한 것이다.[64]

홍대용 역시 음률의 대가라 할 법했다. 샌님 같은 양반 문인이었지만, 어떤 악기든 한번 들으면 자신이 직접 연주할 수 있었다. 다음은 연암이 담헌의 집을 찾아갔을 때 있었던 일화 중 하나다.

지난해 여름에 내가 담헌의 집에 간 적이 있었는데, 그때 담헌은 한창 악사 연익성延益成과 함께 거문고 연주에 관해 논하는 중이었다. 때마침 비가 올 듯 동쪽 하늘가의 구름이 먹빛과 같았다. 천둥이 한번 치면 용이 승천하여 비를 부를 듯하였다. 이윽고 긴 천둥소리가 하늘을 지나가자, 담헌이 연더러,
"이것이 무슨 소리에 속하겠는가?"
하고 묻고 나서, 마침내 거문고를 끌어당겨 천둥소리와 곡조를 맞추었다. 이에 나도 천뢰조天雷操를 지었다.[65]

악기 연주와 관련한 이야기꽃을 피우고 연주를 하는 홍대용과 악사 연익성이 부러웠던지, 연암은 거문고 악곡에 맞춘 가사를 즉흥적으로 지어 이들의 흥취에 동참했다. 평소 음악과

풍류를 즐겼음을 엿볼 수 있다.

한편, 연암은 사실주의를 고집했다. 원근법적 시각으로 세상과 사물을 조응하고, 이를 글로 현상하려 했다. 집요하게 사물의 본질을 파헤치려는 호기심과 탐구 정신이 강렬했다. 그렇기에 '잘' 보고 '잘' 해석할 수 있었고, 남이 보지 못한 사유세계까지 끄집어내 그만의 언어로 표현해 낼 수 있었다.

글은 마치 그림과 같아서 먼 산을 그릴 때는 나무를 그리지 말라고 하였다. 나무가 없어서가 아니라 나무가 보이지 않기 때문이다. 또한 먼 곳에 있는 사람은 눈을 그리지 않는다. 눈이 보이지 않기 때문이다.[66]

사물을 언어로 나타내면 글이 되지만, 그림으로 나타내면 회화繪畫가 된다. 문자인가 그림인가가 중요한 것은 대상을 어떻게 표현해 내느냐 라는 방법 때문이다. 이때 표현은 시선에 의해 결정된다. 촘촘하고 세밀하게 볼 것인가, 거리의 원근을 따져 입체적으로 파악할 것인가, 추상적이고 관념적으로 두루뭉술하게 담아낼 것인가 작가의 시선에 따라 그릇에 담기는 내용이 달라질 수밖에 없다. 연암은 이런 점에서 근대인의 시각에서 시대에 앞서 바라본 전위 예술가이자 선구자였다.

연행 당시 연암은 북경에 있던 천주교 성당을 찾아갔다. 거기서 연암은 예수를 안고 있던 성모마리아 그림을 보고 그녀를 가난한 서양인 정도로 여겼다.

그림 속에는 한 부인이 대여섯 살쯤 된 어린아이를 무릎에 앉혀 놓았는데, 어린애는 병들어 파리한 몸으로 눈을 흘기며 빤히 쳐다보고, 부인은 고개를 돌려 차마 바로 쳐다보지 못하고 있다. 곁에서 시중드는 대여섯 명의 사람들이 병든 아이를 굽어보고 있는데, 처참한 광경에 고개를 돌린 자도 있다.[67]

아기 예수를 안고 있는 마리아를 가난으로 인해 어렵게 살아가는 서양 여인으로 착각했던 것이다. 연암이 기독교 성화를 꼼꼼히 들여다보았음을 의미한다. 미켈란젤로가 그린 '천지창조' 복사본을 본 후의 그 감상도 『열하일기』에 자세히 소개되어 있다.

좌우 벽 위에 운무가 뭉게뭉게 피어오르는 모양이 한여름 대낮 같기도 하고, 바닷가에 비가 오다가 갓 갠 풍경 같기도 하고, 어둑한 골짜기에 막 빛이 들어 밝아 오는 것 같기도 하다. 구름이 뭉게뭉게 오르는 모습이 마치 천 떨기, 만 떨기의 꽃봉오리가 햇살에 비치어 햇무리가 생기는 모습과 같다. 먼 곳을 바라보면 아스라하고 깊으며 까마득하고 끝이 없는 사이로 온갖 신령들이 출몰하고 귀신들이 모습을 드러내어, 옷깃을 헤치고 소매를 떨치고 어깨를 비비고 발등을 밟는다. 홀연히 가깝게 있던 놈이 멀리 보이고 얕은 놈이 깊게 보이기도 하며, 숨은 놈이 나타나기도 하고, 가려진 놈이 드러나기도 하며, 각각 떨어져 서 있는데 모두가 허공에 떠서 바람을 타고 있는 형세이다.[68]

서양의 종교화를 처음 보았을 연암이지만 그 그림에 대한 인상이 컸기 때문에 그림 감상을 하면서 자세히 그 내용까지 기록해 두었다가 『열하일기』에 정리해 서술해 놓았을 것이다. 그림에 대해 추상적 이해에 머물지 않고, 사실적 묘사를 통해 기독교의 세계관을 충실히 전달하려는 의식마저 보인다. 그림을 기독교(서학)와 서양문화를 이해하는 하나의 상징물로 이해하고 있었음을 연암의 회화 감상 태도에서 엿볼 수 있다.

그것은 연암이 연행 도중 중국의 술집 간판과 바람벽에 적힌 낙서 및 시 등을 꼼꼼히 읽으며 중국 문화 풍경을 담아내고자 한 시도와도 맞닿아 있다. 특히 옥전玉田 지역의 여관에 들렀을 때 벽에 걸려 있던 족자의 글을 베껴 적어 둔 것이 훗날 「호질虎叱」로 재탄생한 것은 연암이 얼마나 자유로운 여행객 정신을 갖고 보이는 사물을 통해 자신의 세계관을 담고자 했는지 유감없이 나타나 있다. 당시 연암을 비롯한 북학파 실학자들의 실사구시 정신이 그림과도 만나고 있었던 것이다.

5
연암과 현상학

연암은 세계를, 사물을 세밀히 관찰하는 능력이 탁월했다. 『열하일기』에서 연암이 보여 준 관찰력과 그에 의한 세부묘사, 그리고 번뜩이면서도 참신한 관점은 『열하일기』뿐 아니라 연암의 글에서 자주 맛볼 수 있는 매력 그 자체가 아닐 수 없다.

　세상에 똑같은 것은 없다는 사실을 연암은 잘 알고 있었다. 그렇기에 매 순간 사물을 정확히 관찰하고 정중히 기술함으로써 그 대상에 대한 깊은 애정을 드러내고자 했다. 이때 연암이 대상을 인식하고 기술하는 방식은 현상학적 접근법과 비슷했다. 현상학에서는 예컨대, 사과를 보고 '이것은 사과다'로 표현하는 데 그치지 않고, '이 사과는 진한 빨간색으로 반짝반짝 빛이 나는데, 오른쪽에 1센티미터 정도의 작은 상처가 났다'는 식으로 세밀하게 관찰해 알게 된 것들을 정확히 쓴다. 그 결과 '100개의 사과 중에 그 사과는 바로 이것이다'라며 쉽게 식별할 수 있도록 기술하는 것이 바로 현상학적 기술이다. 그렇기 때문에 세상에는 똑같은 것이 있을 수 없다.

　『열하일기』「일신수필」편에 보면, 중국을 다녀온 이들에게 '중국에서 본 것 중 가장 장관은 무엇인가?'라고 물었을 때, 그들이 답한 내용을 가지고 연암이 일류선비[上士], 이류선비[中士], 삼류선비[下士]로 나눈 이야기가 등장한다. 같은 중국 하늘 아래에서 똑같은 것을 보았지만, 조선의 선비들이 중국을 평가하는 내용이 사뭇 다르다는 사실에서 대상을 보는 이의 인식 태도와 정신을 비판하고자 한 일화에 해당한다. 여기서 연암은 조선에서 학식이 높은, 소위 '일류선비'라 할 이들은 대개 중국을 돌아보고는 '중국에는 도무지 볼 것이 없다'라며 이렇게 평가할 것이라 했다.

> 황제가 머리를 깎아 변발을 했고, 장상將相과 대신, 백관들이 변발을 했고, 만백성이 변발을 했으니, 비록 나라의 공덕이 은나라와 주나라와 같고, 부강함이 진秦나라와 한漢나라보다 앞섰다 하더라도 사람이 생겨난 이래로 아직 머리를 깎고 변발을 했던 천자는 없었다. … 박학다식한 이가 있다 하더라도, 한번 머리를 깎고 변발을 했다면 이건 되놈인 것이다. 되놈이라면 개돼지 같은 짐승일 터이니, 개돼지에게 무슨 볼 만한 것을 찾을 것인가?[69]

소위 조선의 일류선비들은 변발을 하는 만주족의 풍습을 개돼지만도 못한 짓이라며 싸잡아 힐난한다고 했다. 이들은 당시 명나라에 대한 존숭尊崇과 사대주의 의식에 젖어 있던 이념주의자요 소중화주의자들을 말한다. 그런데 연암은 이들처럼 명나라에 대한 의리를 내세워 맹목적으로 청나라를 비판하는

것이야말로 일류 선비라는 이들이 주장하는 것으로 그것이
바로 조선의 현실을 대변한다고 보았다.

그런가 하면 '이류선비'라 하는 이들은 중국을 이렇게 바라
볼 거라 했다.

지금 청나라가 가지고 있는 성곽이란 진시황의 만리장성의 나
머지요, 궁실은 아방궁의 찌꺼기이다. 백성은 위魏나라와 진晉나
라의 부화한 기풍을 받았고, 풍속은 대업大業(수나라의 연호)과 천
보天寶(당나라의 연호) 연간의 사치를 그대로 본뜨고 있다. 명나라
가 망하고 나니 중국 산천은 날고기의 노린내를 피우는 고장으
로 변했고, 성인聖人의 전통이 묻히니 언어조차 야만인의 말씨가
되고 말았다. 여기서 볼 만한 것이 무엇이란 말인가? 정말 십만
대군을 얻을 수 있다면 산해관으로 몰고 들어가 온 중국 천지를
한번 말끔하게 씻어 낸 뒤라야 장관을 말할 수 있을 것이리라.[70]

이들은 현재 청나라가 발달하고 문화가 융성한 것은 모두
이전 한족이 세운 이전 왕조의 건물과 문화, 제도 덕분이라는
시각을 갖고 있다. 오히려 만주족 때문에 성인의 행적과 언

어가 변질되고 구속된 상태라는 부정적 인식이 팽배하다. 그렇기 때문에 산해관을 거쳐 북경을 쳐들어가 만주족을 청산한 다음에야 다시 그 나라의 장관을 논할 수 있다고 했다. 일류선비보다 구체적 근거를 제시하며 실천까지 요구하며 비판하고 있지만, 오랑캐 족이 세운 청나라의 현재 모습은 그 존재 자체로 불만임을 분명히 하는 부류라 하겠다.

반면 연암은 자신을 '삼류선비'로 자처하면서 중국에서 본 장관을 다음과 같이 품평했다.

정말 장관은 깨진 기와 조각에 있었고, 정말 장관은 냄새나는 똥거름에 있었다. 대저 깨진 기와 조각은 천하 사람들이 버리는 물건이다. 그러나 민간에서 담을 쌓을 때, 어깨 높이 이상은 쪼개진 기왓장을 두 장씩 마주 놓아 물결무늬를 만들고, 네 쪽을 안으로 합하여 동그라미 무늬를 만들며, 네 쪽을 밖으로 등을 대어 붙여 옛날 동전의 구멍 모양을 만든다. 기와 조각들이 서로 맞물려 만들어진 구멍들의 영롱한 빛이 안팎으로 마주 비친다. 깨진 기와 조각을 내버리지 않아 천하의 문채가 여기에 있게 되었다.

동리 집들의 문전 뜰은, 가난하여 벽돌을 깔 수 없으면 여러 빛깔의 유리기와 조각과 냇가의 둥글고 반들반들한 조약돌을 얼기설기 서로 맞추어 꽃·나무·새·짐승 문양을 만드니, 비가 오더라도 땅이 질척거릴 걱정이 없다. 자갈과 조약돌을 내버리지 않아 천하의 훌륭한 그림이 모두 여기에 있다.

똥오줌이란 세상에서 가장 더러운 물건이다. 그러나 이것이 밭에 거름으로 쓰일 때는 금싸라기처럼 아끼게 된다. 길에는 버린 재가 없고, 말똥을 줍는 자는 오쟁이를 둘러메고 말꼬리를 따라다닌다. 이렇게 모은 똥을 거름창고에다 쌓아 두는데, 혹은 네모반듯하게, 혹은 여덟이나 여섯 모가 나게, 혹은 누각 모양으로 만든다. 똥거름을 쌓아 올린 맵시를 보아 천하의 문물제도는 벌써 여기에 있음을 볼 수 있다.

그래서 나는 말한다. '기와 조각, 조약돌이 장관이라고. 똥거름이 장관이라고.' 하필이면 성곽과 연못, 궁실과 누각, 점포와 사찰, 목축과 광막한 벌판, 수림의 기묘하고 환상적인 풍광만을 장관이라고 말할 것이랴![71]

청나라 길거리에서 흔히 볼 수 있는 깨진 기와 조각과 냄새 나는 똥거름이 오히려 장관이라고 보는 사람은 소위 삼류 선비로 치부될지 모른다. 그러나 아무도 거들떠보지도 않거나 하찮게 여기는 것들에서도 가치를 발견할 수 있는 시각이 필요함을 강조하고 있다. 이는 조선사회의 주류인 일류선비와 이류선비의 견해를 반박하기 위해서였다. 즉 청나라를 오랑캐라 치부하고 북벌만 내세우는 공허한 관념 정치에서 벗어나 청나라의 장점을 받아들여 적극적으로 백성들의 생활에 실질적인 혜택을 베풀 수 있는 현실 정치를 해야 함을 주장하고자 한 것이다. 오랑캐가 기존 문화를 파괴하거나 버린 것도 아니고, 오히려 잘 응용해 인민과 국가에 이롭게 만든 사실을 높게 평가했다. 단순히 이해 코드나 색깔이 자기와 맞지 않는다고 배척하거나 부정해서도 안 되며, 오히려 적극적으로 포용하고 받아들이려는 자세가 필요하다고 보았다. 오랑캐가 세운 청나라가 중요한 것이 아니라 현재 청나라 문물이 실용적이고 배울 만하다는 사실을 깨닫고 이를 적극 활용하는 것이 더 중요하다는 사실을 간파한 것이다. 이것이 당시 북학파 실학자들이 갖고 있었던 생각이었다. 연암 자신도 조선이 바뀌어야 할 지점이 무엇인지 분명히 알고 있었다.

이처럼 연암은 세계정세와 사회적 현상을 미시적 범주로까지 줌인Zoom-in하여 서술함으로써 거기서 깊은 의미를 끌어올리고 있다. 현상학자들이 세상을 이해하고 기술하던 방법론을 연암은 스스로 잘 알고 있었던 것이다.

6

연암과 의학

연암은 효성이 지극했다. 조부 박필균의 사랑을 듬뿍 받았던 어린 연암은 조부의 병환이 깊어지자 숫돌에 칼을 갈아서는 약을 짤 때에 칼로 왼손 중지를 베어 피를 약탕에 떨어뜨린 후 약을 올렸다. 피를 약에 섞어 달여 드리면 병이 낫는다고 믿었기 때문이다. 지성이면 감천이라고 조부는 그 후 다시 건강을 회복해 110일을 더 살 수 있었다. 비록 미신이었지만, 피와 약재를 섞어 만든 약이 효험이 있다는 의학적 지식에 기초해 어린 연암이 행한 민간요법이었던 것이다.

훗날 연암은 수년간 홍국영의 눈을 피해 황해도 연암골에 들어가 자그마한 초가집 하나를 짓고 살 때에도 산골에 살면서 가족이 병들면 애간장을 태우곤 했다. 변변한 약 하나 구해 쓸 수 없는 상태에서 임시방편으로 어설프게 약초를 구해 사용할 수밖에 없었고 변변찮은 의학 지식만으로는 불안한 마음을 떨쳐 버릴 수 없었다. 이때부터 연암은 의학에 관심을 갖게 되었다. 연암이 북경에 머무는 동안 유리창琉璃廠 거리 서점에서 관심 갖고 찾았던 서적이 의학 서적이었던 것도 바로 이 때문이었다.

그런데 흥미롭게도 연암은 북경 서점에서 허준이 쓴 『동의보감東醫寶鑑』을 발견했다. 『동의보감』의 인기에 힘입어 중국에서 중국인이 발간한 책이었다. 그러나 연암은 책값이 너무 비싸 정작 책을 구입하지는 못하고 능어凌魚라는 중국인이 쓴 서문만 베껴 오는 데 만족해야 했다. 당시 중국인들이 『동의보감』을 어떻게 평가했는지 그 서문을 통해 엿볼 수 있다.

『동의보감』은 명나라 시대, 조선의 양평군陽平君 허준許浚이 지은 책이다. 살펴보건대, 조선의 풍속은 본디 한문을 알고 독서하기를 좋아한다. 허씨는 또한 대대로 명문세족으로서, 만력 연간의 허봉, 허성, 허균 삼 형제는 문장으로 일세를 울렸으며, 누이동생 경번景樊의 재주와 이름은 다시 그 형제들보다 위에 있었다. 중국 변방에 있는 여러 나라 중에서 가장 걸출한 자이다. 책 이름에 동의東醫라고 말한 것은 무슨 뜻인가? 그 나라가 동쪽에 있기 때문에 의醫라는 글자 앞에 동東자를 붙인 것이다.[72]

비록 궁벽한 동쪽 나라 조선 출신의 의원이 쓴 글이지만, 출신 지역이나 민족보다 책의 내용과 의미를 가지고 세계가 공유할 수 있어야 한다고 했다. 『동의보감』의 의학적 안목이 뛰어나고, 그 내용의 활용 가치가 높음을 능어라는 중국인이 인정하고 격찬을 한 것이다. 물론 허준에게 형제가 셋 있고 문장 실력이 뛰어난 누이동생이 있다고 한 것은 허균의 형제와 허난설헌을 착각해 잘못 적은 것이다. 그러나 위 글로 보아 중국의 지식인 중에는 조선의 허준과 허균 집안 사람들까지 알고 있던 이들이 적지 않았음을 짐작할 수 있다.

연암은 의학이 발달한 북경에서 의학서적을 뒤지며 필요한 의학지식을 닥치는 대로 필사했다. 후에 『열하일기』를 쓰면서 「금료소초金蓼小抄」라는 제목하에 여러 처방 내용을 소개했는데, 이에서 연암의 의학적 지식과 안목을 엿보기에 충분하다.
그런데 연암이 북경에서 열심히 베껴 쓴 처방이란 것이 오늘
날 관점에서 보면 황당하다 못해 과연 연암이 이런 내용을 진
짜로 믿고 옮겨 적었을까 의심할 만한 내용도 다수 보인다.
연암이 베껴 쓴, 중국인들이 행했던 민간요법 내지 처방전 내
용 중 일부를 예로 들어 본다.

1) 산길을 가다가 길을 잃을 염려가 있을 때에는 향충嚮蟲 한 마
   리를 잡아 손에 쥐고 가면 길이 막히지 않는다.(미상, 『물류상감
   지物類相感志』)

2) 날것이나 찬 것을 먹고서 앙가슴이 아프다면 진수유陳茱萸
   50~60개를 물 한 잔에 달여 찌꺼기를 버리고 평위산 3돈쯤을
   넣어서 다시 달여 먹는다.(張世男, 『유환기문遊宦紀聞』)

3) 고기 가시가 목에 걸렸을 때는 개의 침을 먹고, 곡식 가시랭
   이가 목에 걸렸을 때는 거위의 침을 넘기면 즉효가 있다.

4) 수질水疾을 다스리는 법은 배를 젓는 노가 서로 마찰하는 데
   를 조금 긁고, 또 배 밑에 묻은 때를 조금 긁어서 환약을 만든
   다음, 소금물로 세 알을 넘기면 신통한 효력이 있다.

5) 바늘이 뱃속에 들어갔을 때는, 참나무 숯가루 3돈쭝을 우물
   물에 타 먹어도 좋고, 자석을 항문에 대 두면 끌어당겨져 나
   온다.[73]

아무리 중국에서 행해지던 민간요법이라 할지라도 어디까지 믿어야 할지 난감한 것들이 한둘이 아니다. 그런데 「금료소초」에서 연암은 이들 처방이 적혀 있는 문헌을 일일이 밝혀가며 신빙성을 더하고자 했다. 2에서 말하는 평위산平胃散은 일종의 소화제로, 소화가 안 될 때 위를 평안하게 하는 한약을 말한다. 여성의 두 젖가슴 사이인 앙가슴에 특별히 답답함을 느낄 때 수유를 넣어 달인 찌꺼기를 버리고 소화제를 물에 타먹으면 낫는다고 했다. 그러나 이 외의 민간요법들은 좀처럼 믿기 어렵다.

연암골에서 지내면서 하도 마음고생을 했기에 이런 처방조차도 아쉬웠을 연암을 생각하면 한편으로 이해가 되기도 하지만, 북학과 실학을 추구하던 연암이 실제로 이런 처방을 믿고 행동으로 옮겼을지 상상해 보노라면 웃음이 절로 나오지 않을 수 없다. 「금료소초」에는 이런 처방이 60여 가지나 소개되어

있다. 이때 연암이 언급한 의학서적만 해도 34편에 이른다. 책을 사지 못하고 베껴 쓴 내용치고는 꽤나 많다. 연암이 얼마나 의학 처방에 절실한 마음을 갖고 있었으며 의학 지식을 갖추고 있었는지 짐작하고 남음이 있다. 그러나 연암이 직접 의학서를 쓰거나 의학에 관해 자기주장을 따로 편 글은 없다.

7
연암과 여행

연암은 천상 여행가였다. 책 밖의 세계를 스승 삼아 훌륭한 제자가 되겠다는 일념으로 땀 흘려 다닌 곳마다 각성과 성찰의 공간으로 만들었다.

29세(1765) 때는 절친 유언호兪彦鎬, 신광온申光蘊 등과 함께 풍악산을 유람했다. 이때 가장 눈에 띈 것은 금강산 바위에 큼지막하게 붉은 글씨로 새겨진 이름들이었다. 연암은 바위에 새겨진 이름들이야말로 마치 많은 사람들로 북적거리는 시장과 무덤으로 가득 찬 묘지와 같다고 했다. 그런데 그중에서도 더욱 눈에 띈 것은 인적이 드문 산꼭대기에 홀로 새겨진 이름의 주인공 한량 '김홍연金洪淵'이었다. 금강산뿐만 아니라 전국의 명산을 다닐 때마다 발길이 닫지 않을 법한 곳에는 어김없이 '김홍연'이란 이름 세 글자가 새겨져 있었기에 '김홍연'이란 인물에 대해 무척 궁금해 했다. 이런 사연이 연암이 쓴 「발승암 기문髮僧菴記」에 자세히 나와 있다.

금강산 유람 후 총석정에서 본 동해 일출의 감격을 노래한 장편 한시 「총석정관일출叢石亭觀日出」은 연암이 지은 한시 중 최고라는 평가를 받는다. '총석정에서 해돋이를 보며'라는 제목의 이 시는 연암이 스스로 득의해 지은 작품이라고 자평할 정도로 장면 묘사가 정교하고 기교가 빼어난 작품이다. 이 밖에도 금강산을 여행하며 얻은 인상과 감회를 토대로 쓴 「김신선전」과 「풍악당집서楓嶽堂集序」, 「관재기觀齋記」 등의 산문 글들도 여행이 연암에게 준 선물이었다.

연암은 과거시험을 포기한 이후로는 마음이 한가하고 불안할 것이 없어 종종 산수 유람을 즐겼다. 연암이 35세(1771) 때 더 이상 과거 시험을 보지 않겠노라 선언한 뒤, 다시 한 차

레 여행길을 떠나 북쪽으로 송도와 평양을 유람하고 천마산
과 묘향산까지 올랐다. 그리고 남쪽으로 내려가 속리산과 가
야산, 화양동, 단양 지역을 두루 여행했다. 젊은 시절에는 스
스로를 단속하기 위해 술을 마시지 않았던 연암이 과거 시험
을 포기하고 산수를 유람하던 이때부터 술을 마시기 시작했
다. 훗날 개성 유수인 구상具庠과 한밤중에 술을 마시게 되었
을 때, 유수는 만취해 가마에 실려 돌아갈 지경이 되었건만
대작하던 연암은 그 후로도 다른 손님과 함께 밤새워 술 오십
여 잔을 마신 후 새벽녘에 태연히 귀가할 정도로 술고래가 되
었다.[74]

한편, 황해도 금천의 연암 골짜기는 개성 일대를 유람하던
중에 발견한 곳이었다. 연암골은 개성에서 동북쪽으로 약 삼
십 리쯤 떨어진 곳으로, 화장산華藏山 동쪽 불일봉佛日峯 아래
에 있었다. 고려 시대에 목은牧隱 이색李穡과 익재益齋 이제현
李齊賢 등이 살았지만, 그 후로 사람이 살지 않아 황폐하게 된
땅이었다. 연암은 이 골짜기가 마음에 쏙 들었다. 이후에 연
암골은 연암 생애에서 매우 각별한 공간으로 자리하게 되었
다. 연암골은 『열하일기』를 비롯한 각종 명문이 탄생한 창작

실이자 휴식을 위한 별장뿐 아니라, 혐오스러운 정치 1번지 서울에서 벗어나 편히 머물 수 있었던 피신처이자 안식처가 된 것이다.

시기를 정확히 알 수 없지만, 연암은 자신의 6대조인 박동량朴東亮이 마련한, 전장田庄이 있는 김포군 통진면의 봉상촌鳳翔村에 가 머물곤 했다. 그곳에는 증조부의 묘도 있었기 때문에 제사를 겸해 가끔씩 다녀갔던 것 같다. 그런데 가끔은 인근 강화도로 여행을 다녀오기도 했다. 어느 날 통진에서 문수산을 거쳐 강화나루에서 배를 타고 섬으로 유람을 다녀온 이야기를 「말머리에 무지개가 뜬 광경을 적은 글[馬首虹飛記]」에서 소개했다. 먹구름이 몰려와 번개와 천둥이 치고 비가 쏟아진 후 무지개가 뜨는 장면까지 강화 여행 도중 시시각각으로 변화하던 날씨를 생동감 있는 기발한 표현과 비유로 표현해 냈다.

한편, 연암의 일생에서 커다란 전환점이 된 사건은 아무래도 북경과 열하로의 여행이 아닐까 싶다. 열하熱河는 '겨울에도 얼지 않는 따뜻한 강'이라는 뜻을 지닌 곳으로 중국의 황제가 북경의 더위를 피해 여름철에 피서를 떠나곤 했던 피서지였다. 결과적으로 열하 여행은 연암 자신뿐 아니라 결과적으로 오늘날 우리에게도 특별한 공간으로 남게 되었다.

연암은 여행 도중 귀한 서적과 미술품 등 온갖 서점과 골동품 가게가 밀집되어 있는, 문화 거점지라 할 북경의 유리창도 찾았다. 그곳은 15년 전에 이미 담헌 홍대용이 다녀간 곳이고 북학파의 일원이었던 이덕무와 박제가가 2년 전 다녀간 곳이기도 했다. 그곳에서 담헌은 중국 강남 항주杭州 출신의 중국인 문인 엄성嚴誠과 반정균潘庭筠, 그리고 소주蘇州 출신의 육비陸飛를 만나 이틀 동안 필담을 나누며 평생의 지기가 되었다. 그리고 박제가와 이덕무, 유득공도 기윤紀昀, 옹방강翁方綱, 완원阮元 등과 유리창에서 만났다.[75] 여행은 평생의 친구와 만나는 소중한 기회가 되기도 한다. 그러나 연암은 유리창에서 이렇다 할 중국 인사를 만나지는 못했다. 그 대신 문화 흥성의 최첨단의 풍경을 자랑하는 유리창 거리의 한 누각에 올라 자신의 존재를 떠올리며 깊은 사색에 빠져들었다. 이는 마치 한국의 한 지식인이 100여 년 전에 한복을 입고 갓을 쓴 채 미국 뉴욕 브로드웨이 거리 한복판이나 엠파이어 스테이트 빌딩에 올라 마천루 빌딩들을 쳐다보며 아무도 자신을 알려 하지도 않고 관심도 없는 미국인에게 고독한 심정을 토로하는 것과 다름없다. 제아무리 호탕하고 기개가 넓고 조선에서 문장으로 이름을 날리던 연암이라 할지라도 세계의 중심지 한복판에서 맞닥뜨린 자신의 존재 의미란 정말로 미미할 수밖에 없었다. 그렇기에 연암은 '천하에서 한 사람의 지기만 얻어도 한이 없겠다'며 진한 아쉬움을 표하기도 했다.

그러나 연암이 여행 도중 위축되는 일은 없었다. 오히려 천하의 수많은 사람들이 반남 박씨 지원을 모르더라도 특이한 옷을 입고 갓을 쓰고, 수염을 기른 개성 있는 존재로 인식할 수 있고, 자신을 평가하는 통념이나 편견 등에 구속됨 없이 자유롭게 존재할 수 있다는 점에서 사유의 해방과 인식의 자유를 만끽할 수 있다는 긍정적 사고를 적극 발산시켰다. 그렇기에 중국 북경 문화의 중심부 한복판에서 자신이 공자나 맹자 같은 성인이나 부처가 될 수도 있을 뿐 아니라 영웅호걸도 될 수도 있다고 했다. 자유롭게 사고하고 사유하는 정신적 해방을 맛보았을 것임이 틀림 없다. 이유 있는 '자뻑'의 여유와 배짱까지 갖고 있었던 것이다.

연암에게 있어 중국 여행은 조선이란 좁은 땅에 살던 한 지식인의 시각과 사유세계의 편폭을 일거에 확장시켜 주었다. 드넓은 세상에 연암 자신이 얼마나 작고 미약한 존재인지를 절감하면서 상대주의적 시각을 확고히 갖는 기회가 되었다. 연암은 귀국 후 연암 산방에서 지내면서 『열하일기』를 완성했다. 물론 이 기행문이 세상에 나오자마자 '오랑캐의 호칭을 쓴 원고[虜號之藁]'라는 비난도 받고, 이후 정조가 문체반정을 일으키는 빌미를 제공하기도 하는 등 큰 홍역을 치른 것은 사실이다. 그러나 그것은 그만큼 『열하일기』가 그 시대 독자들에게 문제적으로 다가왔고, 정신적 도전과 변화를 견인한 지침서 역할을 했음을 잘 보여 준다. 여행을 통해 연암은 완성되었다고 해도 과언이 아니다. 여행 도중 깨달은 연암의 독특한 사유세계와 흥미로운 여행담으로 가득한 여행문학의 백미로서 『연암일기』를 세계에 내놓아도 손색이 없다.

요컨대, 여행을 통해 연암은 더욱 여유로워지고 사물과 사람을 보는 시야 또한 확대되었다. 누워 있는 사유를 일으켜 세우는 소소한 자각과 각성이 여행 도중 구체화되었던 것이다.

8
연암과 실존 철학

먼저 「답대구판관이후단형논진정서答大邱判官李侯端亨論賑政書」
라는 제목의 편지를 보자.

아! 우리나라는 인재를 등용하는 길이 너무도 좁아서, 학식이
하늘의 이치와 사람의 일을 꿰뚫어 알고 재주가 문무를 겸비했
다손 치더라도 과거를 거치지 않으면 참으로 출세할 길이 없소.
지금 조정에서 활개치며 백성과 나라를 위해 대책을 세우고 임
금의 정치와 교화에 참여하고 협찬한다는 사람치고, 대과에 급
제하지 않고 진출한 사람이 누가 있단 말이오? …
명색은 백성을 다스린다 하지만 마음대로 처리할 수 있는 일이
라고는 없으며, 그저 명을 받들어 행하기에만 분주하지요. 그래
서 오직 인사고과에서 꼴찌가 될까 두려워할 뿐, 고을의 폐단이
나 백성의 고통 따위는 마음 쓸 겨를이 없소. …
나나 그대나 크게는 대과 급제를 못했을뿐더러, 작게는 또한 진

사가 되지 못했소. 둘 다 벼슬하지 못한 따분한 유생이요 민간에 사는 미천한 신세라, 실없는 얘기나 하고 날을 보내었지요. 제 딴에는 그래도 유생 차림으로 거들대지만 그것은 남루해진 지 이미 오래며, 임시변통으로 양반이라 칭하지만 외람된 짓이라 부끄러울 뿐이오. 머리는 허옇고 얼굴은 누렇게 뜬 채 당세에 대한 희망을 끊었더니, 늘그막에 일명一命으로 잇달아 동료가 되었으니 얼마나 다행스런 일이오.!…

눈으로 보고도 참으면 장님이 되고, 귀로 듣고도 참으면 귀머거리가 되고, 입으로 말하고 싶은 것을 참으면 벙어리가 되는 셈이지요. 어질지 못한 일이로다! 측은지심惻隱之心의 싹을 잘라 버리자면 마음 심心 위에 칼날 인刃자 하나면 족하오. … 이제 내가 즐거울 락樂 한 자를 썼더니, 웃을 소笑 자가 무수히 뒤따릅디다. 이렇게 밀고 나갈 것 같으면, 백세라도 동거할 수 있을 것이오. 이 편지를 개봉해 보는 날에는 그대도 필시 입 안에 머금은 밥알을 내뿜을 정도로 웃음을 참지 못할 터이니, 나를 소소선생笑笑先生이라고 불러 준대도 역시 마다하지 않겠소이다.[76]

연암이 대구 판관判官인 이단형李端亨에게 보낸 편지다. 인재는 적은데 과거 시험을 통하지 않고는 제 능력을 발휘할 수 없는 사회 제도와 출세에만 눈이 먼 양반들이 문제라고 했다. 벼슬길에 나갈 마지노선이 40세라고들 했지만, 마흔이 넘어서도 행할 수 있는 소임이 있어 백성을 구제하는 일을 힘껏 행하고 있음에 감사할 일이라 했다. 성인들도 남의 일에 대해서는 참지 못하는 마음이 있는 법. 참기 힘들다면 차라리 장님인 양, 귀머거리인 양, 벙어리인 양 되는 게 낫다고 하지만, 오히려 웃고 또 웃는 것이 좋은 방법이라 했다. '즐겁다'라는 글자를 한 자 써 보니, '웃다'라는 글자가 뒤따라오는 듯하다고 했다. 이런 엉뚱한 내용으로 쓴 자신의 편지를 이단형이 받아보면 너무 우스운 나머지 입안에 들어 있는 밥알이 튀어나올지 모르니 조심하라고까지 했다. 그러면서 자신을 '소소선생 笑笑先生'이라 불러도 좋다고 했다. 어떻게 살아야 하는가?라는 실존적 물음에 대해 연암은 이렇게 답하고 있다. 허허 웃으며 사는 것이 가장 훌륭한 방법이라며 말이다.

여기서 「염재기念齋記」라는 또 다른 글 한 편을 더 소개하고자 한다. 연암은 파격적이고 참신한 글을 많이 썼는데 이 글은 그중에서도 단연 최고라 할 것이다. 글쓰기 형식을 파괴해

서가 아니라 관점이 새롭기 때문에 파격적이다. 「염재기」는
어느 날 자신을 잃어버린 한 남자의 이야기를 다루고 있다.

송욱宋旭이 술에 취해 쓰러져 자다가 해가 떠올라서야 겨우 잠
에서 깨었다. 누워서 들으니, 솔개가 울고 까치가 지저귀며, 수
레 소리와 말발굽 소리가 시끄러우며, 울 밑에서는 절구 소리가
나고 부엌에서는 그릇 씻는 소리가 나며, 늙은이의 부르는 소리
와 어린애의 웃음소리, 남녀종들의 꾸짖는 소리와 기침하는 소
리 등 문밖에서 일어나는 모든 일을 분별하지 못할 것이 없건만
유독 자신의 소리만은 들리지 않았다.

이에 몽롱한 가운데 중얼거리기를,

"집안 식구는 모두 다 있는데 나만 어찌하여 없는가?"

하며 눈을 들어 사방을 둘러보았다. 저고리와 바지는 다 횃대
에 놓여 있고 갓은 벽에 걸려 있고 띠는 횃대 끝에 걸려 있으며,
책들은 책상 위에 놓여 있고, 거문고는 뉘여 있고 가야금은 세
워져 있으며, 거미줄은 들보에 얽혀 있고, 쇠파리는 창문에 붙
어 있다. 무릇 방 안의 물건치고 하나도 없는 것이 없는데 유독
자기만이 보이지 않는다. 그래서 급히 일어서서 제가 자던 곳을

살펴보니 베개를 남쪽으로 하여 요가 깔려 있으며 이불은 그 속이 드러나 있었다. 이에 '송욱이 미쳐서 발가벗은 몸으로 집을 나갔구나!'라고 생각하고는 매우 슬퍼하고 불쌍히 여겼다. 한편으로 나무라기도 하고 한편으론 비웃기도 하다가, 마침내 의관衣冠을 안고서 그에게 찾아가 옷을 입혀 주려고 온 길을 다 찾아다녔으나 송욱은 보이지 않았다.[77]

이 글은 집을 지은 뒤 기문을 연암에게 써 달라고 부탁한 계우季雨 신광직申光直에게 염재念齋라는 당호를 지어 주고 그 내력을 밝히는 부분 중에 등장하는 내용이다. 이때 연암은 계우를 송욱이란 실존 인물에 빗대 평가하고자 했다. 어느 날 송욱이 자고 일어났더니 자신만 없고 가족이 모두 자신을 알아보지 못했다. 나 홀로 외딴 섬에 버려진 것 같은 송욱의 심리를 놓고선 본다면 자기 정체를 상실한 정신 분열자와 방불하다.

그렇다면 연암은 왜 이런 인물을 등장시켜 계우와 병치시키려 한 것일까? 연암은 술을 좋아하며 소탈한 계우가 스스로 호를 '술의 성인[酒聖]'으로 부른 것에 대해 술에 취해 자신을 성인이라 말하는 것은 자신이 미친 것을 숨기려는 의도에서라고 보았다. 성인이라는 타이틀이나 자기 과시가 위선적일 수밖에 없는 현실을 거부하는 한편, 진실을 어느 하나로 귀속시키려는 현실로부터 벗어나기 위해 광인 같은 송욱을 만들어낸 것이다. 연암은 송욱을 통해 당대 사회가 미쳐야만 찬란한 진실을 제대로 드러낼 수 있음을 말하고자 한 것이다. 모든 것이 상식과 규범으로 운영되는 사회에서는 그 규범을 어길 때 미친 자가 되지만, 비정상적인 언어 소통 사회(=고문을 중시하던 조선 사회)에서는 오히려 미친 것이 더 정상적일 수 있음을 역설적으로 말한 것이다. 이렇기 때문에 이런 비정상적 사회에서 과연 인간은 어떻게 진실하게 살아가야 할 것인가라는 화두를 던진 것이나 마찬가지다.

이 글을 읽노라면 누구나 자연스레 카프카Kafka(1883~1923)의 「변신」을 떠올리게 된다.

그레고르 잠자는 어느 날 아침 불안한 꿈에서 깨어났을 때, 자신이 잠자리 속에서 한 마리 흉측한 해충으로 변해 있음을 발견했다. 그는 장갑차처럼 딱딱한 등을 대고 벌렁 누워 있었는데, 고개를 약간 들자, 활 모양의 각질角質로 나눠진 불룩한 갈색 배가 보였고, 그 위에 이불이 금방 미끄러져 떨어질 듯 간신히 걸려 있었다. … '어찌된 셈일까?' 하고 그는 생각했다. 꿈은 아니었다. 그의 방, 다만 지나치게 비좁다 싶을 뿐 제대로 된 사람이 사는 방이 낯익은 네 벽에 둘러싸여 조용히 거기 있었다. 포장이 끌러진 옷감 견본이 펼쳐져 있는 책상 위에는 ─잠자는 외판 사원이었다─ 그가 얼마 전에 어떤 화보 잡지에서 오려 내어 예쁜 도금 액자에 넣어 둔 그림이 놓여 있었다.[78]

자고 일어나 보니 벌레로 변한 자신을 알게 된 '그레고르 잠자'. 그가 잠에서 깨어날 때 떠오르는 생각은 현실에서 그가 당면한 문제가 무엇인지 잘 보여 준다. 유능한 영업사원으로서 가족의 생계를 책임져야 하는 현실에서 변신은 그런 억눌린 욕망을 표현하고 있다. 변신한 자신의 모습을 발견한 그는 소리를 지르며 자신의 존재를 주장해 본다. 그러나 가족은 그 소리를 듣지 못하고, 결국은 제거되어야 할 벌레로 여겨져 가족에게 죽임을 당하고 만다. 아침에 술에서 깨어났더니 세상은 그대로인데 자신만 어디에 있는지 모르겠다던 송욱과 벌레로 변해 가족으로부터 외면당하는 그레고르는 존재의 허무와 공포를 상징적으로 보여 준다. 그러면서 정상과 비정상의 세계가 절대적이지 않고, 어떤 의식을 갖고 세계를 보느냐에 따라 자신의 존재 의미를 자각할 수 있음을 역설하고 있다고 하겠다.

카프카의 「변신」은 연암이 「염재기」를 쓴 지 150년이 지난 후의 작품이다. 서양의 실존주의 사상과 문학 작품이 발현되기 이전에 세계의 변방이었던 조선에서도 연암이 이미 실존 문제를 심각하게 다루었음을 기억할 필요가 있다. 나란 누구인가?라는 간단하면서도 본질적인 질문 앞에 연암과 카프카는 자신을 가족의 일원이 아닌, 세상 속 일개 개인으로 객관화하고 상대화해야 한다고 보았다. 이성을 갖춘 자율적, 개성적 인물이 얼마나 가치 있고 독립적 존재로 설 수 있는지 보여 주고 있다. 카프카와 같은 문인이든, 다른 사상가든 상관없이 연암 사유의 내용과 범위는 특정 시대와 사회를 넘나드는 보편성을 획득하고 있음을 확인할 수 있다. 연암이 현대인에게도 반갑고 영향력 있는 인물로 다가올 수 있는 이유는 바로 그의 사유와 논리가 충분히 세계적 보편성을 띠고 있고 인류 공통의 문제의식과 만나 그 해답을 보여 주고 있기 때문이라 할 것이다.

세창사상가산책 | 朴趾源

5

연암과의 대화 :
청년 정신을 지닌 선비의 호탕한 기침

1

사상가인가? :

철학적으로 사고한 현자賢者다

연암은 누구인가?

그에 대해 나름대로 상像을 그려 보고 질문에 답하고자 할 때 가장 먼저 떠오르는 것은 무척이나 인간적인 실학자라는 사실일 것이다. 그러면서 비딱하고 남들과는 다른 시각으로 세상을 보고자 했던, 자유롭고 호탕한 청년 정신을 소유한, 미움받을 용기로 충일했던 도전적 지식인으로서의 모습이 먼저 다가온다.

그런데 연암이 누구인가 물으면서 우리는 그렇다면 과연 어떻게 살아야 할 것인가의 답을 찾고 싶어한다. 질문을 바꿔 우리의 실천 문제로 환원코자 하는 심리가 강하다. 그것은 동양인들이 일반적으로 실천론에 관심이 많기 때문인지 모르겠다. 그렇기에 자문에 대한 자답을 전제하고, 실천의 문제를 고민하면서 연암에게서 배울 것이 무엇인가를 먼저 떠올리게 된다. 동양인이 주관성과 관념성이 강한 이유도 이 때문인지 모른다.

그런데 서양인이라면 아마도 '(오늘날 우리에게) 연암은 무엇인가?'라고 먼저 물을 것이다. 다시 말해, 서양인들은 우리와 달리 실천론보다 존재론과 인식론 문제에 관심이 더 많다. 과연 신은 존재하는가?라는 문제를 궁구하려 하고, 거기서 선과 악, 법과 윤리란 무엇인가를 답하기 위해 고민한다. 그렇기 때문에 서양인들의 철학은 객관성과 사물성이 강하다.

그렇다면 정작 연암의 철학은 어떠한가? 연암의 글을 읽으면 읽을수록 거기서 서양인의 철학적 사유 내지 인식론, 존재론에 대한 고민이 짙게 깔려 있음을 확인할 수 있다. 연암은 관념적으로 생각하지 않았고, 마치 살아서 팔딱거리는 활어의 싱싱한 몸짓과 냄새를 느낄 법한 착각을 불러일으키는 철학을 추구했다. 한편으로 현대인의 사고방식과도 잘 맞아떨어진다. 그것은 현대인이 갖고 있는 상대주의적 시각과도 무척이나 유사하기 때문이다. 그의 답변과 논리, 그리고 솔깃한 많은 예화 등 그의 글 전체는 현대인이 읽더라도 공감하며 무릎을 칠 만한 내용으로 가득하다. 이를 위해 많은 서문, 발문을 통해 기회 있을 때마다 연암은 세상 사람들과 사회를 향해 질문하고, 자신이 생각하는 답을 펼쳐 보였다. 그의 위대함, 아니 그의 독특한 사색의 원천은 바로 생활에서, 생활 속 글쓰기에서 출발한다. 그렇기에 18세기 말, 그가 세상과 사회, 사물을 향해 던진 질문부터가 당대의 사유 논리와 차이가 나도 한참 날 수밖에 없었다.

연암이 철학적 사유를 깊이 밀고 나간 것 중에는 문文의 수사修辭와 사유 체계, 그리고 사회 혁신이 두드러졌다. 특히 당대에 유행했던 고문 글쓰기와 배청숭명排淸崇明의 세계관에 관한 문제의식은 명징했고 단호했다. 호명呼名에 관한 의미부여 역시 연암이 고문古文 비판을 위한 중요한 근거로 사용했다. 이때 이름과 뜻의 관계에 천착한 것은 서양의 언어철학과 기호학에서 중시하던 문제의식과 별반 다르지 않다.

영처자嬰處子(이덕무)가 당堂을 짓고서 그 이름을 선귤당蟬橘堂이라고 하였다. 그의 벗 중에 한 사람이 이렇게 비웃었다.

"그대는 왜 어지럽게도 호號가 많은가? 옛날에 열경悅卿(김시습)이 부처 앞에서 참회를 하고 불법을 닦겠다고 크게 맹세를 하면서 속명을 버리고 법호를 따를 것을 원하니, 대사가 손뼉을 치고 웃으면서 열경더러 이렇게 말을 했네. '심하도다, 너의 미혹됨이여. 너는 아직도 이름을 좋아하는구나. 중이란 육체가 마른 나무와 같으니 목비구木比丘라 부르고 마음이 식은 재와 같으니 회두타灰頭陀(행각승)라 부르려무나. 산이 높고 물이 깊은 이곳에서 이름은 있어 어디에 쓰겠느냐. 너는 네 육체를 돌아보아라. 이름이 어디에 붙어 있느냐? 너에게 육체가 있기에 그림자가 있다지만, 이름은 본래 그림자조차 없는 것이니 장차 무엇을 버리려 한단 말이냐? 네가 정수리를 만져 머리카락이 잡히니까 빗으로 빗은 것이지, 머리카락을 깎아 버린 이상 빗은 있어 무엇하겠느냐. …

그것이 네 이름이기는 하지만 너의 몸에 속한 것이 아니라 남의 입에 달려 있는 것이다. 남이 부르기에 따라 좋게도 나쁘게도 되고 영광스럽게도 치욕스럽게 되며 귀하게 천하게도 되니, 그로 인해 기쁨과 증오의 감정이 멋대로 생겨난다. 기쁨과 증오의 감정이 일어나기 때문에 유혹을 받기도 하고 기뻐하기도 하고 두려워하기도 하고 더 나아가 공포에 떨기까지 한다. 이빨과 입술은 네 몸에 붙어 있는 것이지만 씹고 뱉는 것은 남에게 달려 있는 셈이니, 네 몸에 언제쯤 네 이름이 돌아올 수 있을는지 모르겠다. …

갓난아기는 이름이 없으므로 영아嬰兒라 부르고 시집가지 않은 여자를 처자處子라고 하지. 따라서 영처嬰處라는 호는 대개 은사隱士가 이름을 두고 싶지 않을 때 쓴다네. 그런데 지금 갑자기 선귤로써 자호를 하였으니 자네는 앞으로 그 이름을 감당하지 못하게 될 것일세. 왜냐하면 영아는 지극히 약한 것이고 처자란 지극히 부드러운 것이어서 사람들이 자네의 유약함을 보고는 여전히 이 호로써 부를 것이요, 매미 소리가 들리고 귤 향기까지 난다면 자네의 당堂은 앞으로 시장처럼 사람이 모이게 될 것이기 때문일세."[72]

위 글은 연암이 이덕무가 자주 호號를 짓는 것에 대해 불만을 갖고 한 쓴소리에 해당한다. 이름은 허상일 뿐, 육체처럼 실체가 있는 것이 아닌데, 이에 너무 집착하고 있다고 했다. 자기 이름이라지만 정작 그 이름은 자신에게 속한 것이 아니라 남이 입으로 부를 때에라야 의미가 있다. 이런 점에서 이름은 타인에게 속한 것이다. 이름에는 책임이 뒤따르는 법이라 이름이 많을수록 그 책임도 커질 수밖에 없다. 이렇게 볼때, 연암의 주장은 소쉬르가 말한 기의記意와 기표記標, 곧 시니피에와 시니피앙 중 기표의 속성을 간파한 생각과 별반 다르지 않다. 허상인 이름에 집착하기보다 실질과 실체를 밝히는 데 힘쓸 것을 이덕무에게 충고한 것이다. 이덕무가 당시 사용한 호가 10가지가 넘었기 때문에 과유불급을 경계하고자했던 것이다. 이덕무와 비교한다면, 연암은 백탑 근처에 살때 '공작관孔雀館'이란 당호를 가진 것 외엔 연암골에 들어간 1771년 이후로 줄곧 '연암'만을 사용했다.

이때 연암의 논리는 질문에서 출발한다. 문제가 되는 사실 내지 현상을 직접적으로 묻고, 그것이 문제가 되는 이유를 조목조목 논거를 들어 답해 나간다. '이름'은 바람 소리처럼 '바람이 불면 껍데기가 움직이며 나는 소리'에 불과하다고 했다. 이를 설명하기 위해 위 글에서 연암은 8번 이상 이덕무에게 질문을 던졌다. 이름 때문에 생각이 갇히거나 구속되는 것을 경계하고자 했던 것이다.

연암은 또 다른 글 「명론名論」에서는 이름이 사물을 분별하는 잣대라고 하면서 다음과 같이 논리를 전개해 나갔다.

천하라는 것은 텅 비어 있는 거대한 그릇이다. 그 그릇을 무엇으로써 유지하는가? '이름名'이다. 그렇다면 무엇으로써 이름을 유도할 것인가? 그것은 '욕심欲'이다. 무엇으로써 욕심을 양성할 것인가? 그것은 '부끄러움恥'이다. 만물은 흩어지기 십상이어서 아무것도 연속할 수 없는데 이름으로써 붙잡아 둔 것이요, 오륜五倫은 어그러지기 쉬워서 아무도 서로 친할 수 없는데 이름(명분)으로써 묶어 놓은 것이다. 무릇 이렇게 한 뒤라야 저 큰 그릇이 아마도 충실하고 완전할 수 있어, 기울어지거나 엎어지거나 무너지거나 이지러질 걱정이 없게 될 것이다.[80]

거대한 실체인 천하도 이름이 없으면 빈 그릇과 같다. 사물에 이름이 있어야 실제적인 것이 되고 사물마다 그 쓰임이 온전해질 수 있다. 동물이든, 식물이든, 무생물이든 이름이 없다면 인지될 수 없고 온전히 소통될 수 없다. 그런 까닭에 이름은 그 무엇인가가 존재할 수 있도록 하는 집과 같다. 그래서일까? 일찍이 노자는 '無名은 천지의 시작이요, 有名은 만물의 어머니'라고 했다. 이와 관련해 연암은 이름을 유도하는 것이 바라는 것[欲], 곧 욕심이고, 그 욕심을 키워 내는 것이 부끄러움[恥]'이라며 이름을 어떻게 사용하느냐에 따라 결과적으로 욕심이 될 수도 있고, 겸양이 될 수도 있음을 말했다. 이는 이름의 진실 속에 삶의 진실이 깃들도록 자기 이름에 책임을 지고 진실할 것을 강조한 것이나 마찬가지다.

> 목수는 비록 나무 깎는 걸 맡았지만
> 일찍이 대장장이를 배척하지 않았거니
> 미장이는 스스로 흙손을 잡고
> 기와장이는 스스로 기와를 이네.
> 비록 그들이 방법은 같지 않지만
> 서로 바라는 바는 큰 집을 이루는 것이라네.
> 성을 잘 내면 사람이 안 붙고
> 깔끔이 지나치면 복받기 어려운 법
> 바라건대 그대는 현빈玄牝(현묘한 골짜기)을 지키고
> 아무쪼록 기모氣母(=우주의 원기)를 호흡하기를[81]

「증좌소산인贈左蘇山人」이란 한시다. 연암이 서유본徐有本이란 이에게 문장론에 관해 써서 보낸 장시인데, 인용 부분은 그 마지막 부분에 해당한다. 여기서 연암은 장자적 사유를 기본으로 문장론을 넘어 삶의 지향점, 곧 '도道'에 관해 노래했다.

연암은 글쓰기가 집 짓는 것과 같다고 여겼다. 그런데 하나의 집이란 미장이, 기와장이, 목수 등이 각자 자신의 직분을 잘 감당하며 협업한 결과 나타난 결과물이다. 이렇게 협업해 지어 올린 큰 집이란 궁극적 도를 의미한다. '현묘한 골짜기'라는 뜻의 시어 '현빈玄牝'은 『도덕경』 제6장에 나오는 말로, 비어 있기 때문에 만물을 생성시키는 신비로운 근원의 자리를 뜻한다. 그리고 '우주의 원기'를 뜻하는 시어 '기모氣母'는 『장자』「대종사」 편에서 "복희씨는 도를 얻어 기모를 배합했다"고 한 데서 가져온 것이다. 따라서 여기서 말하는 현빈과 기모는 공히 근원적이고 본질적인 속성을 지니지만, 이들 역시 도를 얻어야만 생겨나는 것이라는 점에서 결과물이라 할 것이다.

그렇다면 도는 어디에 있으며, 어떻게 실천할 수 있을까? 이에 대해 연암은 도는 어렵지도, 멀리 있지도 않다고 말한다. 위 시에서 연암은 도는 목수에게 있고, 대장장이와 미장이, 기와장이에게 있다고 했다. 그런데 이들 중 한 명이라도 없다면 온전한 집을 짓기 어렵다. 이들은 부분이면서 전체다. 그렇기 때문에 기일분수氣一分殊, 즉 기는 하나이면서 나눠져 다르다는 논리를 달리 표현한 것의 다름 아니다. 만물은 구성원(부분)의 집합체라는 사유 속에 '상도常道'이자 궁극적인 도가 자리하고 있는 셈이다. 각 개체마다 방법은 다르지만, 지향하는 바는 큰 집, 곧 도를 이루는 것이다. 이것은 부분도 전체도 어느 쪽도 서로 해를 입지 않고, 주어진 모든 생명의 자리를 가치 있게 살려 내는 것이다. 음과 양이 태극 안에서 절대적 대립이 아닌, 어느 하나로 치우치지 않고 균형과 조화를 이루는 운동성을 추구하는 것과 같은 이치다.

이렇게 본다면 연암이 말하는 '도'란 어떤 면에서 단순하고 심플하다. 세상이 복잡해 보이는 것은 객관적 세계 자체가 복잡해서가 아니라 나의 주관적 마음과 시각이 복잡하기 때문이다. 이런 점에서 연암의 사유는 맹목적이거나 절대적이지 않다. 시작할 때 끝을 생각하고, 코끼리 털에 달라붙은 미물 '이蝨'의 시각에서 코끼리의 시각까지 상대화해 헤아리고 배려하고자 한다. 더운 여름날에 추운 겨울날을 떠올리며 자신을 돌아본다. 썩고 그늘진 땅에서 귀한 영지靈芝가 자라고, 어떤 규범을 따라 모방하지 않았기에 가장 창의적인 학문을 할 수 있다는 사고가 가능하다. 깨지고 부스러진 기와 조각과 말똥 구슬에서도 현묘한 가치와 의미를 '발견'할 수 있다. 건축 설계자나 미장이와 목수를, 집 주인을 같은 눈으로 차별 없이 바라볼 수 있을 때, 타인을 인정하고 나를 사랑할 수 있게 된다. 이럴 때 세계를 이해하고 도를 실천할 수 있다.

어떤 면에서 연암이 말하는 도란 바로 '웜홀wormhole' 이론처럼 우주 공간에서 블랙홀과 화이트홀을 연결하는 통로와 같다. 우주의 원기[氣母]를 호흡할 수 있는 통로다. 그렇기에 도는 세상을 바라보는 시각과 마음먹기에서 시작하고 끝이 난다. 글쓰기에도 이런 사유가 필요하다. 지면에 담아낸 작은 우주로서 글쓰기는 연암에게 있어 이런 '도'의 실천의 장이었던 것이다.

조개의 조개껍질은 집일뿐만 아니라 인생의 기록이다. 조개껍질은 조개의 꿈과 삶과 행동이 건조된 증거인 것이다. 건조의 시각에서 보면 조개껍질은 그것의 재료의 결 자체 가운데 살아 있다.[82]

시인의 직관은 동서고금을 막론하고 상통한다. 연암의 사유도 이와 다르지 않았다. 무심한 조개껍질을 보고 거기서 '조개의 꿈과 삶과 행동의 집적'을 읽어 내는 시인의 시심이야말로 만물의 존재 의미와 질서를 간파한 지각자知覺者의 도가 아니고 무엇이겠는가?

앞서 말했듯이, 연암은 상대주의적 인식의 대가였다. 그렇기에 고문주의와 상고주의에 젖어 있던 일반 유학자들과 달리 연암은 도가적 사유를 그의 사상적 무기로 꺼내 들곤 했다. 고와 금, 곧 옛날과 지금의 가치를 대등하게 볼 수 있었던 그 사상적 기반은 원래 장자의 제물론齊物論적 사유와 맞닿아 있다. 그런 사유가 그의 글 도처에서 확인된다.

옛날을 기준으로 본다면 지금이 정녕 비속하겠지만, 옛 사람들도 스스로를 여기길 반드시 예스럽다고 생각하지는 않았을 것이다. 당시에 본 것 역시 그때에는 '하나의 지금'이었을 뿐이다. 그러므로 세월이 도도히 흘러감에 따라 풍요風謠도 누차 변하는 법이요, 아침에 술을 마시던 사람이 저녁에는 그 자리를 떠나고 없다. 천추만세도 이로써 옛날이 되어 가는 것이다. '지금'이라는 것은 '옛날'과 대비하여 일컫는 것이요, '비슷하다'는 것은 '저 것'과 견주어 하는 말이다. 무릇 비슷한 것은 비슷한 것이요 저 것은 저것일 뿐이지, 견준다 해도 저것이 되는 것은 아니니, 나 는 이로써 저것이 되는 걸 아직껏 보지 못했다. 종이가 이미 희 다 하여 먹이 종이를 따라 하얗게 될 수는 없으며, 초상화가 비 록 실물과 닮았다 하더라도 그림이 말을 할 수는 없는 것이다.[83]

옛것은 고리타분하거나 구식이거나 후진 것이 아니라, 오히 려 현재보다 앞선 시기의 것이므로 현재를 기준으로 한다면 최첨단이었고 선진적이고 참신한 것이었다고 보아야 타당하 다. 옛것이 참신한 것이고 과거가 현재와 등가적 의미와 무게 를 지니고 있음을 인정하는 것, 이것이 바로 시간과 존재에 대 해 바라보던 연암의 철학적 시선이었다.

선비의 일상적인 예의범절에 관해 쓴 책으로 보이는 『사소 전士小典』에서 연암이 펼쳐낸 관점도 주관적 편견과 사회적 통 념을 뛰어넘는 상대주의적 인식의 사유를 잘 보여 준다. 「우 부초서愚夫艸序」에서 『사소전』의 내용을 소개한 것이 있어 그 사실을 일부 확인할 수 있다. 여기서 연암은 귀가 먹어 들리지 않는 사람을 가리켜 '귀머거리다'라고 하지 않고 '소곤대며 헐뜯기를 좋아하지 않는다'고 말하고, 눈이 흐려 보이지 않는 사람을 '장님이다'라고 하지 않고 '남의 흠집을 살펴보지 않는 다'고 말할 수 있어야 한다고 했다. 벙어리가 아니라 남 비평 하기를 좋아하지 않는 사람이라는 인식과 사고를 갖는 것이 중요하다. 등이 굽고 가슴이 튀어나온 곱사등이를 아첨하기 를 좋아하지 않는 사람으로 파악하고, 혹부리나 육손이, 절름 발이, 앉은뱅이처럼 비록 몸은 불편할지 모르지만 덕과 성품 에는 아무런 문제가 없다는 인식이야말로 대인배이자 지혜로 운 사람의 처신이 아닐 수 없다. 예의란 바로 인정人情을 따르 는 것이다. 한쪽에만 치우쳐 상대를 평가하는 사람은 신념과 소신이 있다라기보다 어리석은 자일 가능성이 높다.

집채 만한 코끼리가 한 눈을 찡긋하고 보아도 개미를 보지 못하는 것은 대상이 너무 가깝기 때문이다. 반대로 코끼리 발 가락 사이에 낀 진흙 속에 집을 짓고 사는 개미가 두 눈을 부 릅뜨고 보아도 코끼리를 못 보는 것은 보이는 대상이 너무 멀 기 때문이다. 원시안적 관점과 근시안적 관점을 적절히 가질 필요가 있다.

'비슷한 것은 가짜다!'라는 화두 역시 연암이 상대적으로 세계를 인식한 결과다. 물론 1차적으로는 당시 고문을 숭상하며 모방을 일삼던 이들을 향해 일침을 가한 말이다. 옛 글을 모방하여 글을 짓는 것은 마치 거울이 형체를 비추는 것이나 초상화가 실물을 대신할 수 있다고 말하는 것과 같다고 여긴 까닭에서다. 비슷한 것은 영원히 진짜가 아니므로 비슷한 것을 추구하느니 현재적 진실과 만나는 것이 값진 것임을 연암은 말하고 싶었던 것이다.

요컨대, 20세기의 레비-스트로스의 구조주의 사고를 18세기 말에 이미 실천적으로 보여 준 철학자가 바로 조선의 연암이었다고 할 만하다.

2
개혁가인가? :
상대주의적 관점에서 개혁이라 읽고 실천이라 쓴 실학자다

연암은 아무리 하찮은 기예라 해도 다른 것을 잊어버려야만

성취할 수 있다고 했다. 큰 도道도 마찬가지다. 옛것을 본받는 법고法古의 자세와 새로움을 추구하는 창신創新의 자세 중 하나를 택해야만 한다면, 연암은 법고 편에 서겠다고 했다. 물론 이때 연암이 법고를 지지한 것은 초정 박제가가 창신에 경도된 것으로 생각했기 때문에 균형을 잡기 위해 법고의 중요성 또한 강조하기 위한 목적에서 말한 선택지였다. 즉 보완과 균형을 맞추기 위한 상대적 선택이었다. 이런 상대주의적 태도는 개혁 성향이 강하다. 실천성을 띠기 쉽다. 이처럼 연암은 늘 자기 개혁과 사회 개혁을 주장했는데, 그 기저에는 상대주의적 시선이 자리해 있다. 그리고 호탕하면서도 불의를 못 참는 성격 덕분에 체면과 격식, 그리고 관념적 이론에 얽매이지 않은 채 인간미 풀풀 풍기며 이용후생의 실천적 삶을 살고자 했다. 소위 개혁이라 읽고 실천이라 쓰는 삶을 살았던 실학자였다.

연암은 평소 많은 편지글을 남겼다. 편지글에서 연암이 얼마나 소탈하고 인간적인 아저씨와 같았는지 여실히 확인할 수 있다. 가족과 떨어져 살았던 시간도 많았기 때문에 편지를 자주 주고받았고, 당대 문인들과 교유하면서 편지 속에 자신의 문장론과 세계 인식 태도를 소신껏 담아내기도 했다. 최근 연암의 편지 30통을 모아 놓은 『연암선생서간첩燕巖先生書簡帖』(서울대 박물관 소장)이 세상에 공개되었다. 60대에 안의현감과 면천군수로 재직할 때 가족과 친척에게 보낸 편지가 대부분을 차지한다.[84]

그런데 이 편지글 중에는 연암이 박제가에 대해 대놓고 훈수를 두고 있는 것이 있다. 연암이 박제가가 소장하고 있는 중국인의 시필詩筆 여러 첩을 빌려 보고 싶은데, '인간이 형편없고 무도한[罔狀無道]' 박제가가 그 귀한 보물 같은 책을 잠시도 손에서 내놓지 않을 것이라 생각되지만 한번 최선을 다해 빌려 볼 것을 아들에게 권하는 내용의 편지다. 박제가를 무도하고 꼴불견이라고 판잔을 가한 것은 책을 아끼는 마음이 강한 박제가가 쉽게 빌려주지 않을 것을 알고 우스갯소리로 표현한 것일 수도 있다. 그러나 연암의 의식 속에는 위 편지글에서도 확인할 수 있듯이 박제가가 자신의 실력과 능력만 믿고 교만해지지 않을까 하는 걱정과 그를 아끼는 마음이 그득했음을 알 수 있다. 연암의 상대주의적 태도는 제자를 진심으로 아끼는 마음에서 때로는 질책으로, 때로는 우스개 이야기로, 때로는 준엄한 글쓰기로 실천해 보이고자 했던 것이다.

세종 대에 전국에서 글씨를 제일 잘 쓴다고 소문났던 최흥효崔興孝는 과거시험을 치르던 도중, 자신이 쓴 글자 하나가 왕희지 글씨체와 똑같이 써졌다고 여겨 종일 그 글자만 들여다보다가 차마 버릴 수 없어 아예 그 답안지를 가슴에 품고 돌아와 버렸다고 한다. 글자 하나 때문에 과거 급제란 명예와 벼슬을 포기한 것이다. 그런가 하면 선조 대 유명한 화가였던 이징李澄은 어린 시절, 다락방에 올라가 그림 연습하는 데 몰입하느라 사흘 만에야 가족이 찾을 수 있었다. 이때 화가 난 부친이 회초리로 때리자 어린 이징은 울며 눈물을 뚝뚝 흘렸다. 그런데 울면서도 떨어진 눈물을 모아 새 그림을 그리는 데 열중했다고 했다. 가히 그림에 푹 빠져 영욕 따위를 잊어버렸던 것이다. 한편, 노래를 가장 잘 부른다고 소문난 학산수鶴山守는 산속에 들어가 노래연습을 했다. 그는 한 곡을 부를 때마다 모래를 주워 나막신에 던져 그 모래가 나막신에 가득 찬 후에야 내려오곤 했다고 한다. 그러던 어느 날, 그가 도적을 만나 죽게 되었을 때, 그 와중에도 평소 연습하던 가곡을 불렀다. 그러자 노래를 들은 도적들은 감격의 눈물을 흘리며 그를 놓아주었다고 한다. 음악을 택하고 생사를 버렸기에 가능한 일이었다. 이덕무의 필첩 서문인 「형언도필첩서炯言桃筆帖 序」에 나오는 일화들이다.

연암에게 있어 개혁은 자기 부정과 같다. 『장자』에서 유교의 예악禮樂과 인의仁義 일체를 잊어버릴 것을 역설한 것을 변용해 '도에 뜻을 두고 덕에 의지하라'는 공자의 말을 실천하는 것 외에 다른 것은 일체 잊어버릴 것을 주문한 것이다. 한쪽을 끝까지 밀어붙일 때 그 반대쪽 끝과 만날 수 있고, 양쪽 끝의 가치와 의미를 이해할 수 있다. 개혁은 바로 양날의 쓰임을 다 보는 데서 이롭게 작동되는 속성이 있다. 이런 점에서 어느 하나에 얽매이지 않았던 연암의 삶과 사고방식은 바로 개혁가로서의 정신을 올곧이 보여 주는 예라 할 것이다.

3
문장가인가? :
사유의 깊이가 컸기에 다르게 썼고, 호탕하기에 크게 울었다

연암은, 앞서 언급했듯이, 남들보다 늦게 공부를 시작했다.

혼인 후 장인에게서 사마천의 『사기』를, 처남 이재성李在誠으로부터 사서삼경을 비로소 배우기 시작했다. 이때 글 쓰는 연습도 병행했는데, 그가 18세에 처음으로 쓴 「광문자전」은 파격적인 인물을 입전시켜 패기 넘치는 젊은 작가의 참신한 표현과 구성이 세간의 관심을 끌기에 충분했다. 글쓰기 공부는 남들보다 많이 늦었지만, 그랬기 때문에 어려서 맹목적으로 학습하던 방식이 아니라 이미 어른으로서 비판력을 갖고 세상 이치를 따지며 공부하는 방식을 취할 수 있었던 것이다.

연암은 당대 인습적인 고문 글쓰기 혁신에 관심이 많았다. 사실 고문古文이란 고전 문장 중에서 정수精髓에 해당하는 글을 말한다. 사대부에게 있어 고문은 문학 학습의 모델이자 경전과 같았다. 그러나 모델은 좋은 예일 뿐, 그것을 똑같이 따라 행해야 하는 숭배의 대상은 아니다. 그럼에도 다수의 문인들은 이런 고문을 대놓고 베껴야 학식과 기교가 대단한 것인 양 착각했다. 과거시험에서 요구하던 과문科文이 바로 고문을 누가 적절히 잘 베껴 활용하느냐를 평가하는 것이었다. 과거시험이 고문 전시장으로 전락해 버린 것에 환멸을 느낀 연암은 결국 과거 시험을 포기하고, 떳떳하게 자신만의 글을 쓰고자 했다.

고문을 배우려는 자는 마땅히 자연스럽게 문장의 마디와 결이 이루어짐을 구해야 하거니, 자기 스스로가 이룬 언어로부터 나와야지 옛사람의 언어를 표절하여 주어진 틀에 메워 넣으려 해서는 안 된다. 글이 어려운가 쉬운가의 차이는 여기에서 생기며, 진짜인가 가짜인가도 이에서 결정된다. 고정된 하나의 틀로 천만 편의 똑같은 글을 찍어 내는 게 바로 오늘날의 과문科文이다.[85]

과문뿐 아니라, 당대 비문碑文 글쓰기에 대해서도 연암은 비판적 시각을 견지했다. "비문은 대개 판에 박은 듯하여 한 편의 글을 여러 사람에게 써먹을 수 있다. 그러니 대체 돌아가신 분의 정신과 모습을 어디서 떠올릴 수 있으랴. 옛글의 정신과 이치는 터득하지 못한 채 거칠게 겉 자취만 배워 종이 가득히 진부한 말과 죽은 구절만 채워 넣고 있다"[86]고 비판했다. 또한 "남을 아프게 하지도 가렵게 하지도 못하고, 구절마다 범범하고 데면데면하여 우유부단하기만 하다면 이런 글을 어디에 쓰겠는가?"[87]라고 되묻고 있다. 문제의식이 없고, 기존 글쓰기 관습에 젖은 글은 새 사회와 구성원에게 진실한 목소리를 들려주기 어렵고 공허하기 쉬움을 간파한 것이리라.

그렇기 때문에 「정석치제문」이나 「홍덕보묘지명」이 파격과 일탈처럼 보이는 것은 명백히 연암의 글쓰기 철학이 반영된 실천적 글임을 알 수 있다. 실은 고문 글쓰기에서 벗어나 연암 자신만의 방식으로 망자를 추모하면서 진실한 글을 쓰고자 한, 죽은 사회의 문장에 대한 애도문哀悼文이라 할 것이다. 가려운 곳을 긁어 주는 참신한 표현과 내용은 모방과는 거리가 있다.

글쓰기를 병법에 비유한 탁월한 글도 있다. '문단의 붉은 깃발 서문' 정도로 해석할 수 있는 「소단적치인騷壇赤幟引」이란 글이 그 주인공이다.

글을 잘 짓는 사람은 병법을 잘 아는 자와 같다. 비유하자면 글자는 군사요, 글의 뜻은 장수며, 제목은 적국이고 고사故事의 인용은 전장에서 진지를 구축하는 것과 같다. 글자를 묶어서 구句를 만들고, 구를 모아서 장章을 이루는 것은 대오를 이루어 진을

치는 것과 같다. 운韻으로 소리를 내고 멋진 말로 표현을 빛나게 하는 것은 전장의 징이나 북, 깃발과 같다. 앞뒤의 조응은 봉화요, 비유는 유격하는 기병에 해당한다. 억양반복은 끝까지 싸워 섬멸하는 것이요, 파제破題한 다음 묶어 주는 것은 성벽에 올라가 적을 사로잡는 것이다. 함축을 귀하게 여기는 것은 반백의 늙은이를 사로잡지 않는 것이요, 여음이 있게 하는 것은 군대를 정돈하여 개선하는 것과 같다.[88]

연암은 글을 짓는 것은 마음 쓰는 법과 같다고 했다. 그래서 자고로 병법이 적을 물리치고 땅을 차지하는 것이 목적인 것처럼 글쓰기 역시 읽는 이의 마음을 얻는 것을 목적으로 하는 전술이 필요하다고 보았다. 글자라는 병사로 마음의 성을 함락시켜 독자의 마음을 얻어 내는 전술이 곧 글쓰기라고 보았던 것이다. 그렇기에 글자라는 병사들은 뜻이라는 장수가 있어야 대오隊伍를 이뤄 잘 움직일 수 있다. 체계적으로 정비된 병사들이 함락시켜야 할 대상은 바로 제목이고, 적절한 인용이야말로 유리한 조건을 마련해 승기勝機를 잡는 포석과도 같다. 구와 절을 짓고 한 단락을 구성하는 것은 부대가 대오를 갖춰 조직적으로 진격해 나가는 것이며, 소리 내어 읽기 좋게 문체를 꾸미고 멋진 표현을 중간에 섞는 것은 전장의 북소리와 깃발로 하여금 병사들의 사기를 돋우고 분위기를 띄우는 것과 같다고 했다. 봉화는 전장에서 저 멀리 소식을 전하는 것으로 글의 앞뒤 의미가 전체적으로 잘 대응하는 것을 말한다. 또한 참신하고 적절한 비유야말로 적군의 허점을 날쌔게 파고들어 흐름과 승세를 뒤집는 기병과 같다고 했다. 지속적으로 공격하고 방어하기를 반복함으로써 완전한 승리를 쟁취할 수 있는 것처럼 높낮이를 조절하는, 대구와 대응의 반복적 표현을 끝까지 지속하는 것이 필요하다. 이렇게 해서 성벽을 타고 넘어 적군을 붙잡듯 제목의 의미를 파헤쳤다면, 그 의미를 세부적으로 묶어 체계를 마련하는 것이 필요하고, 영양가 없는 백발노인은 필요 없듯이 군더더기 표현과 장황한 진술은 과감히 줄이고 함축적 의미를 높이는 식으로 수정 작업을 거치면 글쓰기는 끝이 난다. 전쟁이 끝나 아쉬운 듯하지만, 개선 후 깨끗이 해산해야 하는 것처럼 글을 간결하게 다듬었다면 미련 없이 글쓰기에서 손을 떼야 여운이 길게 남는다.

그런데 연암은 이처럼 글쓰기를 병법에 비유하는 데 그치지 않았다. 이어지는 내용을 보자.

용병을 잘하는 자에게는 버릴 병졸이 없고, 글을 잘 짓는 자에게는 따로 가려 쓸 글자가 없다. 진실로 좋은 장수를 만나면 호미와 괭이, 가시랭이와 창 자루로도 모두 굳세고 사나운 군사가 될 수 있고, 천을 찢어 장대 끝에 매달더라도 사뭇 정채精彩를 띤 깃발이 된다. 진실로 이치를 터득하면 가족들의 일상적인 예삿말도 학교에서 가르칠 만하고, 아이들 노래와 속담도 『이아爾雅』에 넣을 수 있다. 그러므로 글이 좋지 않은 것은 글자의 탓이 아닌 것이다. 단지 자구의 우아함과 속됨만 따지고 문장의 우열만을 논하는 이들은 모두 변화의 기틀이나 임기응변을 모르는 자이다. 비유컨대 용기 없는 장수가 마음에 마련한 계책도 없어 문득 글제를 받으면 우뚝 한 성벽을 만난 듯 망연한 것이니, 글쓰기의 근심은 항상 스스로 갈 길을 잃고 헤매며 요령을 얻지 못하는 데 있다.[89]

사실 글쓰기는 바둑을 두는 것이나 요리하는 것과 비슷하다. 문제는 재료가 아니다. 같은 바둑돌이라도 프로기사가 두면 묘수가 되고, 흔한 재료라도 요리사가 사용하면 풍미를 낼 수 있듯이, 같은 소재라도 이치를 터득하고 변화의 요령을 아는 이가 쓰면 멋진 글이 나온다. 정성과 진실한 가치가 담겨 있다면 일상어나 흔한 소재라도 천기를 담은 경전 같은 글이 될 수 있다. 그렇기에 연암은 글자 탓을 하거나 자구의 우아함과 문장의 우열만을 따지지 말고, 어떻게 글을 쓸 것인지 그 이치를 궁구하라고 말했다.

글을 잘 짓는 사람은 시작할 때 이미 끝을 볼 줄 안다. 이치를 알고, 전체를 관통하는 흐름을 꿰고 있기 때문이다. 전쟁에서의 승패는 글자인 병사보다 이들을 부리는 장수에 달려 있다. 진법을 어떻게 쓰고, 병력과 무기를 어떻게 효율적으로 쓸 것인지 아는 장수야말로 전쟁에서 이기기 쉽다. 이처럼 연암은 글쓰기에서 중요하게 고려해야 할 지점들을 절묘한 병법 비유를 통해 쉽게 설명하고 있다. 그것은 글쓰기의 원리와 글의 묘미를 연암이 꿰뚫고 있었기 때문이었다.

연암은 실제로 직관적 읽기와 글쓰기에 능했다. 연암은 사물과 세상을 읽는 방식이 직관적이었기에 글쓰기 또한 직관적 미학을 추구했다. 직관력은 사물의 속성을 깊이 읽을 수 있는 눈에서 나온다. 다른 것에서 같은 것을 보고, 이 끝에서 저 끝의 속성을 간파할 수 있는 깨어 있는 상관적 통찰이 뛰어나다. 또한 가치와 의미, 원리를 찾고자 하는 진지한 문제의식과 끝까지 밀어붙이는 치열한 사유의 적극성이 있다. 창조적 가치는 바로 직관력과 통찰에서 나온다는 사실을 연암은 자신의 글을 통해 실천적으로 보여 주었다.

4
이단자인가? :
정치적으로 방외인이었고, 문학적으로 이단자였다

연암은 천상 문필가이자 사상가로서 그의 글쓰기와 근대적 문제의식은 오늘날에도 큰 울림을 주기에 부족함이 없다. 그러면서 양반 사회를 향한 일침과 부정한 사회 제도에 대한 혁파를 과감히 논하고, 조정의 북벌 정책을 대놓고 비판했다. 「양반전」에서 연암은 자신을 포함한 양반 계층의 작태를 이렇게 풍자했다.

진사만 해도 서른 살쯤에는 첫 벼슬을 하게 되는데, 조상 덕에
도 훌륭한 벼슬자리가 있고 더구나 남쪽 큰 고을의 군수 자리도
있다. 일산日傘 바람에 귀밑이 희어지고, 방울 달린 줄을 잡아 당
겨 하인을 부르니 배에 살만 찌며, 집안에는 고운 기생을 두고,
뜰아래에는 우는 두루미를 기른다. 궁한 선비로 떨어져 시골에
서 지낼망정 오히려 판을 치게 된다. 먼저 이웃집 소를 끌어다
가 밭을 갈게 하고, 나중에는 돌이 백성들을 붙들어다가 김을
매게 한다. 누가 감히 나를 괄시하랴?[90]

양반이랍시고 그 지위와 허세를 이용해 백성에게 소위 갑
질하는 행태를 비판하고 있다. 연암도 양반이었고 당시 잘 나
가던 노론 중에서도 명문가 사람이었다. 시장에서 물건 하나
자기 손으로 사지 않고 돈조차 만지길 않았다. 상거래는 소위
'아랫것'들이나 하는 행위였기에 그저 사고 싶은 물건을 말로
지시할 뿐, 정작 연암이 직접 물건을 사고 파는 일에 뛰어들지
는 않았다. 연행 당시 요동 들판에서 하인들의 부축을 받으며

코를 골며 말을 타고 가는 그의 모습도 실은 「양반전」에서의 양반의 모습과 그리 달라 보이지 않는다.

한편, 아래 글은 『열하일기』에서 천하의 형세를 논한 「심세편」 마지막 부분의 일부다.

연암씨는 말한다.

중국을 유람하는 사람에겐 다섯 가지 망령된 생각이 있다. 지위와 문벌이 서로 높다고 거들먹거리는 짓은 본시 우리나라의 풍속에서도 비루한 습속이다. 식견이 있는 사람이라면 우리나라 안에 있으면서도 양반이란 말을 입 밖에 내기를 부끄러워하는 터에, 더구나 변방의 나라에서 지방의 명칭을 딴 성씨를 가지고 도리어 중국의 오래된 명문세족을 업신여길 것인가. 이것이 첫째 망령이다.…[91]

청나라에 들어가면서 갖는 만주족에 대한 편견 내지 왜곡된 인식이 청의 진실을 파악하는 데 심각한 장애를 초래한다는 입장을 취했다. 연암은 이를 두고 '괴상한 병[怪病]'에 걸린 사람들이라고 비판했다. 괴상한 병에 걸린 사람들의 증상을 '다섯 가지 망령[五妄]으로 나눠 제시했는데, 각각의 내용을 요약하면 이렇다.

첫째, 지벌地閥을 가지고 중국의 오래된 사족을 능멸하는 것
둘째, 중국의 예의풍속과 문물을 무시하고 잘난 척하는 것
셋째, 중국 인사와 만나면 거만하게 굴며 공손한 태도를 치욕으로 여기는 것
넷째, 중국에는 훌륭한 문장을 볼 수 없다고 얕잡아 말하는 것
다섯째, 중국 인사를 대할 때 대뜸 춘추대의春秋大義를 들먹이고 반청反淸의 기류를 볼 수 없다고 탄식하는 것

이런 편견 내지 선입견을 갖고 있는 한, 조선의 양반은 마음을 터놓고 중국인과 진지하고도 실질적인 대화나 교류를 하기 어렵다. 오랫동안 많은 연행 사절단이 중국을 방문했지만, 청나라의 문물과 제도의 장점과 단점을 제대로 파악하지 못했던 이유도 바로 자가당착적 세계관에 함몰되어 있었기 때문이다. 이는 오늘날 미국이나 유럽을 존숭하면서 개인별로 판단하는 것이 아니라, 전체주의적 평가마냥 긍정적으로 보

는 반면, 동남아시아나 아프리카 출신의 외국인을 무시하거나 국력과 종교를 핑계 삼아 색안경을 끼고 꺼려하거나 상대조차 하지 않으려는 태도와 별반 다르지 않다. 사대事大와 멸시蔑視라는 이중적 태도를 참 간단한 논리로 재단하고 마는 현대인의 의식 문제를 연암이 힐난했던 괴상한 병의 증상과 연결시켜도 크게 다르지 않다.

그대는 행여 신령한 지각과 민첩한 깨달음이 있다 하여, 남들에게 교만하거나 다른 생물들을 업신여기지 마시오. 저들에게 만약 약간의 신령한 깨달음이 있다면 어찌 나 스스로 부끄럽지 않겠으며, 만약 저들에게 신령한 지각이 없다면 교만하고 업신여긴들 무슨 소용이 있겠소.
우리들은 냄새나는 가죽 부대 속에 문자 몇 개를 지니고 있는 것이 남들보다 조금 많은 데 불과하오. 그러니 저 나무에서 매미가 울음 울고 땅 구멍에서 지렁이가 울음 우는 것이 또한 어찌 시를 읊고 글을 읽는 소리가 아니라고 장담할 수 있겠소.[92]

위 글 「여초책與楚幘」(초책에게 보냄)은 박제가로 추정되는 '초책'이라는 이에게 연암이 보낸 편지이다. 『연암집』 권5의 「영대정잉묵映帶亭謄墨」에 실려 전한다. 이 편지에서 연암은 초책에게 교만을 버릴 것을 주문하고 있다. 행여 다른 생물보다 지각이 뛰어나다고 한들, 상대의 지각이 신령하지 않다면 교만하거나 업신여기는 것이 소용없고, 약간 신령하다 하더라도 내세우는 것 자체가 부끄러운 일이라 했다. 글깨나 공부한 인간을 '냄새나는 가죽부대'로 비유한 것도 걸작이다. 곧 몸뚱이 속에 문자 몇 개를 알고 있는 것에 불과하다는 냉소적 시각은 교만함을 저 멀리 날려 보내는, 통쾌한 홈런과도 같다. 냉철한 자기 진단과 객관적 사고의 결과다. 사실 피조물이라는 점에서는 인간과 매미, 지렁이 모두 동격이다. 유한한 인간이 매미와 지렁이가 운다고 생각하는 것이 그들 입장에서는 시를 읊고 글을 읽는 소리일 수도 있다는 상대주의적 사고야말로 우리를 겸손하게 만든다.

또한 연암은 벗이야말로 '제2의 나'와 같다는 우정론을 거듭 천명했다. 가족 윤리보다도 우정이 더 중요하다고 본 것인데, 이는 마테오리치의 『교우론』에 영향을 받은 결과다.[93] 연암이 '천고의 옛사람을 벗 삼는다[尙友千古]'라든지 '후세에 자기를 알아줄 사람을 기다린다'와 같은 전통적인 우정론은 오히려 비판하고, '지금 이 세상에서' 진술한 친구를 사귈 것을 주문한 것도 그가 정치적 입장과 무관했음을 엿볼 수 있는 근거가 된다.

이처럼 연암이 자신이 양반임에도 불구하고 양반 개혁과 자성의 목소리를 드높이고, 북학을 내세우며, 천주교에 관해서도 유연한 태도를 취하고, 작은 벌레나 깨진 기와조각에서도 깨달음을 청할 수 있었던 것은 기본적으로 정치적으로 방외인에 속했고, 문학적으로 이단아 같은 정신을 갖고 있었기 때문이다. 말년에 안의현감을 비롯해 낮은 벼슬을 몇 번 했지만, 자신이 벼슬에 뜻을 두고 나서서 얻은 감투도 아니었고, 관리자로 있으면서 오히려 백성들을 위한 정치를 어떻게 실현할 수 있는지 실험코자 했음을 감안한다면, 연암은 정치적으로 구속될 것이 없었기 때문에 자기비판과 양반 개혁을 내세울 수 있었다. 자신의 위치를 정확히 자각할 수 있고, 자신과 타자, 아니 세상과의 관계를 객관화할 수 있는 자리에 있었기 때문에 가능했다. 그것이 문학적으로 이단적인 사고와 글쓰기로도 연결될 수 있었던 것이다.

그러나 연암이 자유스런 영혼의 선각자라고 해서 그가 직접 나서서 그런 비판을 실천으로까지 옮긴 행동가는 아니었다. 연암의 개혁 의식과 상대주의적 열린 사고는 높이 평가할 만하나, 정작 조선의 공고한 신분제도를 부정하거나 그 개혁을 위해 몸소 나서서 행한 운동가는 아니었기 때문이다. 어린 과부의 수절 같은 유교적 인습을 비판하면서도 정작 그런 문제 해결을 위해 투쟁하거나 실천해 보이지 못했다. 분명 일정 부분 몸을 사리거나 처세에 관한 한 안전을 도모한 혐의도 짙어 보인다. 허례허식에 빠진, 권위적이고 형식적인 양반사회를 비난했지만, 정작 신분과 계급 해방을 주장하지는 않았다. 오히려 뼛속까지 양반이었기에 제도화된 기득권을 은연중 누렸는지도 모를 일이다. 한글에 관한 한 까막눈이었던 연암. 연암은 그렇게 하층민과 여성이 종종 사용하던 한글을 읽고 쓸 줄도 모른 채 평생 한문만 고집했던 외통수 문장가이기도 했음을 기억할 필요가 있다. 연암을 사회적 운동가로서 양심 있는 실천가로서 평가하기엔 일정한 한계가 있다.

6

연암에게 묻고, 오늘을 읽다

권력은 비밀을 낳고, 비밀은 음침한 데 고인 물처럼 썩고 만다. 연암은 대단한 가문의 지식인이자 기득권자였지만 비밀이 적었다. 소위 꿍꿍이가 있을 거라 생각하기 어려울 만큼 그의 성격, 생활 모습, 가치관, 인간적 면모 등까지 고스란히 엿볼 수 있다. 그래서 마치 투명한 유리를 보는 것처럼 시원하고 간명하며 호쾌한 느낌을 받는다. 오늘날 우리가 연암을 좋아하는 이유가 단지 그의 글쓰기 능력과 사유의 깊이에만 있지 않음도 바로 이 때문이다. 그것은 너무나 인간적이고 양심적이며 털털해서 오히려 친근하고 푸근한 정감을 듬뿍 선사해 주고 있기 때문이다. 양반이었으나 계급장을 떼고 만나 편하게 이야기할 수 있을 것 같은 조선의 지식인 연암. 그것은 연행 당시 중국인을 스스럼없이 만나 수작을 하고, 하인 비장들과 어울려 밤새 수다 떨 줄 아는 개방성과 여유에서도 이미 충분히 확인할 수 있었던 바다.

그렇기 때문에 어떤 면에서, 연암의 글을 읽다 보면, 지킬

박사와 하이드처럼 변화무쌍하고 다채로운 사유와 내면심리를 만나게 된다. 그런데 우리는 그 다채로운 연암의 진실 중 우리가 보고 싶고 이해한 시각으로만 보고자 했던 것은 아닌가? 고문주의의 병폐를 너무나 잘 알았기에, 그래서 고문을 갖고 놀 줄 알았던, 조선이 낳은 '고문의 대가'라 평한들 틀린 말은 아니다. 양반 사회의 모순을 비판하고 소외되고 숨겨진 불우한 능력자에 관해 맛깔나게 드러낸 '소설가'로서의 명성 또한 허언이 아니다. 소소한 일상사에서 깊고 넓은 우주적 사유와 인간 삶의 의미를 참신하고 감각적인 표현으로 밝힌 '소품문의 장인'으로 손색이 없다. 또한 당대 조선의 민낯을 체면이나 허식 없이 생생하게 소개한 '생활 리포터'로서, 소위 '리얼 다큐 제작자'다운 연출력을 글을 통해 펼쳐 낸, 비유컨대, 시대의 연출가로서도 높게 평가할 만하다. 그만큼 그의 글은 열려 있고, 거듭 다양한 평가가 각각 진실로서 시대를 넘어 받아들여지고 있다.

그러나 연암을 어떻게 이해할 것인가는 순전히 우리들의 몫이자 숙제다. 그의 사상과 글의 본질은 망각한 채, 그저 기이하고 재미있는 사유를 하고 글을 썼던 문장가 정도로 이해하고 말아 버리는 독자들이 많다. 연암이 죽은 지 얼마 안 지난 시기에도 연암의 글을 오독하거나 문체를 어지럽게 만들었다는 식의 비판이 나타났다. 한 인물의 생애와 작품 세계를 오롯이 제대로 갈파하고 공감과 존경을 표하는 일이 얼마나 어려운 것인지 우리는 너무나 잘 안다. 상대를 함부로 비난하고 평가하는 일을 우리는 경계하고 또 경계해야 한다. 연암의 처남 이재성이 연암의 제문을 쓰면서 당시 사람들이 연암의 글을 제대로 이해하지 못하던 세태를 비판한 것이 경계의 예로 적합할 듯하다.

공을 좋아한다는 자들조차
공의 정수精髓를 안 건 아닙니다.
하찮은 글 주워다가
보물인 양 생각하고
우언이나 우스갯소리를
야단스레 전파했으니,
이 때문에 헐뜯는 자들
더욱 기승을 부렸지요.

"우언은 궤변으로

세상을 농락한 것이고

우스갯소리는 실상이 아니요

거만하게 세상을 조롱한 것이다!"

좋아한다는 자나 헐뜯는 자나

참모습 모르기는 마찬가지였지요.[94]

오늘날 우리는 여전히 연암을 제대로 알지 못한다. 필자 역시 연암과 자주 만나고, 그의 생각을 헤아리고자 공부할 뿐, 아직 연암을 만나진 못했다.

책을 읽을 때 거울을 한 번 쳐다보라. 독서하는 자신의 모습을 객관화할 수 있을 때 상대주의적 사고가 가능하다. 독서할 때의 나의 얼굴 표정, 자세, 그리고 눈동자를 보면 내가 책과 어떻게 만나고 있고 책을 읽는 태도가 어떠한지 깨닫게 된다. 거울에 비친 얼굴 표정은 지금 책을 읽는 나의 마음과 감정이다. 그런 면에서 연암의 글은 어떻게 보면 너무 버겁다. 껴안을 수 없는 미지의 세계가 여전히 너무 많기 때문이다. 그러나 청춘을 보내며 연암의 글을, 아니 그 인상과 낯선 감정을 기억할 수만 있다면, 30대와 40대에 읽어도 큰 울림으로 다가올 수 있는 최소한의 마음의 눈은 갖게 되리라고 말하고 싶다.

국민이 주인인 사회는 창조적 소수, 아니 소수의 엘리트가 이끄는 사회가 아니다. 촛불이 하나의 광장 언어가 될 수 있다고 믿는 순간, 그 하나의 촛불이 밝혀 줄 황홀한 세상은 작은 기적이 된다. 국민이 만드는 세상에 대한 일종의 자신감이랄까. 문제는 그러한 자신감을 실제로 제도화하고 생활화하는 실천의 방도와 내용에 있다. 250여 년 전, 연암이 갑갑하게 느꼈던 조선 사회. 그 세상을 향해 호탕하게 울부짖고 소리칠 수 있었던 그의 기개와 정신은 오늘날 개개인에게 요청되는 자질이자 가치관과 소신이다. 그것은 바로 현대의 한국사회가 처한 절망적 상황에서 길어 올리는, 한 편의 작은 서사시와 같기 때문이다. 연암이 현대인에게 청년 정신으로 남을 수 있는 이유는 그의 글을 읽을 때마다 그의 사유와 삶 자체가 현시대와 사회에 상록수처럼 젊고 푸르른 사유의 샘물을 지속적으로 선사해 주고 있기 때문이 아닐까.

참고문헌

괴테, 박영구 역, 『괴테의 이탈리아 기행』, 푸른숲, 1998.

____, 박찬기·이봉무·주경순 역, 『이탈리아 기행 1·2』, 민음사, 2004.

____, 홍성광 역, 『이탈리아 기행』(전2권), 웅진씽크빅, 2008.

김명호, 『박지원 문학 연구』, 성균관대 대동문화연구원, 2001.

_____, 『연암 문학의 심층 탐구』, 돌베개, 2013.

김선형, 「괴테의 미학적 체험 연구-〈이탈리아 기행〉을 중심으로」, 『괴테연구』
        20집, 2007, 한국괴테학회.

김성곤, 『독일문학사』, 경진출판사, 2009.

김용관, 『그냥 아롱(啞聾)으로 살아라』, 돈을새김, 2010.

김주수, 『바람에 떨어진 고금-연암어록평설』, 문자향, 2009.

박기석 외, 『열하일기의 재발견』, 월인, 2006.

박수밀, 「박지원의 〈환희기〉에 나타난 글쓰기 요령」, 『18세기 지식인의 생각과
        글쓰기 전략』, 태학사, 2007.

박제가, 정민·이승수·박수밀 외 옮김, 『정유각집(下)』, 돌베개, 2010.

박종채, 박희병 역, 『나의 아버지 박지원』, 돌베개, 1998.

박지원, 고미숙·길진숙·김풍기 엮고 옮김, 『세계 최고의 여행문학 열하일기
        (상~하)』, 그린비, 2008.

_____, 김명호 편역, 『지금 조선의 시를 쓰라』, 돌베개, 2007.

_____, 김혈조 역, 『열하일기 1~3』, 돌베개, 2009.

_____, 리상호 역, 『열하일기』, 보리, 2004.

_____, 박희병 역, 『고추장 작은 단지를 보내니』, 돌베개, 2006.

_____, 박희병·정길수 외 편역, 『연암 산문 정독: 역주, 고이, 집평』, 돌베개, 2007.

_____, 신호열·김명호 역, 『연암집(상·중·하)』, 돌베개, 2007.

박찬기 편, 『괴테와 괴테 문학의 의의』, 서문당, 1991.

박희병, 『연암과 선귤당의 대화』, 돌베개, 2010.

_____, 『연암을 읽는다』, 돌베개, 2006.

배정희, 「괴테의 이탈리아기행 연구─고대 사랑과 근대의식」, 『괴테연구』 12집 1호, 한국괴테학회, 2000.

서유구, 「송원사곡기하자送遠辭哭幾何子」, 『풍석고협집楓石鼓篋集』 권5.

유금, 박희병 평역, 『유금 시집 말똥구슬』, 돌베개, 2006.

이규상, 민족문학사연구소 한문분과 역, 『18세기 조선인물지』, 창작과비평사, 1997.

이덕무, 「成士集」, 『아정유고』 권8, 『청장관전서』 권16.

이민희, 「고전산문을 이용한 글쓰기 교육」, 『고전산문교육의 풍경』, 강원대출판부, 2011.

_____, 「박지원의 〈열하일기〉와 괴테의 〈이탈리아 기행〉 비교연구」, 『비교문학』 59집, 국비교문학회, 2013.

_____, 「심리 치료 측면에서 본 〈민옹전〉 연구」, 『고전문학연구』 31집, 한국고전문학회, 2007.

이혜순, 「18세기말 동서 지성의 해외체험, 성찰의 방향과 그 의미: 박지원의 〈열하일기〉와 괴테의 〈이탈리아 기행〉에 대한 비교문학적 접근」, 『한국문학과 예술』 2집, 숭실대 한국문예연구소, 2008.

_____, 「여행자 문학론 試攷 : 비교문학적 관점에서」, 『비교문학』 24집, 한국비교문학회, 1999.

임형택·김명호·염정섭·리쉐탕·김용태, 실시학사 편, 『연암 박지원 연구』, 사람의무늬, 2012.

정민, 『비슷한 것은 가짜다』, 태학사, 2000.

정희모·이재성, 『글쓰기의 전략』, 들녘, 2005.

조동일, 『한국문학통사 3』(제4판), 지식산업사, 2005.

최정동, 『연암 박지원과 열하를 가다』, 푸른역사, 2005.

카프카, 전영애 역, 『변신·시골의사』, 민음사, 1998.

한정주·엄윤숙, 『조선 지식인의 글쓰기 노트』, 포럼, 2007.

주석

1) 연보 작성을 위해 임형택 외 3인, 재단법인 실사구시 편 『연암 박지원 연구』, 사람의무늬, 2012, 369~394쪽의 '연암 연보'를 참고했다.

2) 박종채, 박희병 역, 『나의 아버지 박지원』, 돌베개, 1998, 16쪽.

3) 박종채, 박희병 역, 『나의 아버지 박지원』, 돌베개, 1998, 18쪽.

4) 박종채, 박희병 역, 『나의 아버지 박지원』, 돌베개, 1998, 175쪽.

5) 박지원, 김혈조 역, 「玉匣夜話」, 『열하일기 3』, 돌베개, 2009, 245쪽.

6) 박지원, 신호열·김명호 역, 『연암집(下)』, 돌베개, 2007, 55쪽.

7) 박종채, 박희병 역, 『나의 아버지 박지원』, 돌베개, 1998, 59쪽.

8) 최정동, 『연암 박지원과 열하를 가다』, 푸른지식, 2005, 34~35쪽 번역 재인용.

9) 박종채, 박희병 역, 『나의 아버지 박지원』, 돌베개, 1998, 188쪽.

10) 박제가, 정민·이승수·박수밀 외 옮김, 『정유각집(下)』, 돌베개, 2010, 103~104쪽.

11) 박지원, 신호열·김명호 역, 「초정집서」, 『연암집(上)』, 돌베개, 2007, 24쪽.

12) 박지원, 김혈조 역, 「謁聖退述」, 『열하일기 3』, 돌베개, 2009, 338~340쪽.

13) 박희병, 『연암을 읽는다』, 돌베개, 2006, 258~259쪽 번역 재인용.

14) 박지원, 신호열·김명호 역, 『연암집(下)』, 돌베개, 2007, 339~340쪽.

15) 이러한 뇌사(誄辭) 부분이 『연암집』 수록 「홍덕보묘지명」에는 보이지 않지만

박종채가 쓴 『과정록』에 소개되어 있다. 박종채, 박희병 역, 『나의 아버지 박
지원』, 돌베개, 1998, 54쪽.

16) 박지원, 신호열·김명호 역, 『연암집(上)』, 돌베개, 2007, 330~332쪽.

17) 박지원, 김혈조 역, 「漠北行程錄」, 『열하일기 1』, 돌베개, 2009, 461~463쪽.

18) 박지원, 김명호 편역, 「답창애지이(答蒼崖之二)」, 『지금 조선의 시를 쓰라』, 돌
베개, 2007, 436쪽.

19) 박지원, 김혈조 역, 「山莊雜記」, 『열하일기 2』, 돌베개, 2009, 482~486쪽.

20) 박지원, 김명호 편역, 「답창애(答蒼崖)」, 『지금 조선의 시를 쓰라』, 돌베개,
2007, 314~316쪽.

21) 박지원, 김명호 편역, 「답창애지이(答蒼崖之二)」, 『지금 조선의 시를 쓰라』, 돌
베개, 2007, 317~318쪽.

22) 김주수, 「답창애지삼(答蒼崖之三)」, 『바람에 떨어진 고금 – 연암어록평설』, 문
자향, 2009, 210쪽.

23) 박지원, 신호열·김명호 역, 『연암집(中)』, 돌베개, 2007, 59~60쪽.

24) 박지원, 신호열·김명호 역, 『연암집(中)』, 돌베개, 2007, 53~54쪽, 58쪽.

25) 여기서 다룬 「양환집서」 관련 내용은 졸고, 「고전산문을 이용한 글쓰기 교
육 – 「양환집서」를 중심으로」, 『고전산문교육의 풍경』, 강원대출판부, 2011,
180~206쪽에 실렸던 논문 내용 중 일부를 발췌, 수정한 것이다.

26) 『양환집』을 일반적으로 '낭환집'으로 부르고 있으나, '蜋'은 '말똥구리'를 뜻
하는 '양'으로 읽어야 옳다. '蜋丸'은 말똥구리가 굴리는 말똥을 가리킨다.

27) 박희병, 『연암을 읽는다』, 돌베개, 2006, 400~402쪽.

28) 여기서 다룬 『열하일기』 내용은 졸고, 「박지원의 〈열하일기〉와 괴테의 〈이
탈리아 기행〉 비교연구」, 『비교문학』 59집, 한국비교문학회, 2013, 5~32쪽

내용을 발췌, 보완 서술한 것이다.

29) 고미숙, 「머리말」, 『세계 최고의 여행문학 열하일기(상)』, 그린비, 2008, 5쪽. "조선 왕조 오백 년을 통틀어 단 하나의 텍스트만을 꼽으라고 한다면, 나는 단연 『열하일기』를 들 것이다. 또 동서고금의 여행문학 가운데 오직 하나만을 선택하라고 한다면, 나는 또한 『열하일기』를 들 것이다. … 그것은 이질적인 대상들과의 뜨거운 '접속'의 과정이고, 침묵하고 있던 '말과 사물'들이 살아 움직이는 '발굴'의 현장이며, 예기치 않은 담론들이 범람하는 '생성'의 장이다."

30) 조동일, 『한국문학통사 3』(제4판), 지식산업사, 2005, 216쪽.

31) 최정동, 『연암 박지원과 열하를 가다』, 푸른역사, 2005, 39쪽.

32) 이덕무, 「成士集」, 『아정유고』 권8, 『청장관전서』 권16. "熱河記, 如華嚴樓臺, 彈指卽見, 不害爲天下奇書."

33) 김성곤, 『독일문학사』, 경진출판사, 2009, 85쪽.

34) 박지원, 김혈조 역, 〈夜出高古口記〉, 「山莊雜記」, 『열하일기 2』, 돌베개, 2009, 480쪽. "우리나라의 선비들은 생로병사하는 동안에 나라의 강토를 벗어나지 않는다. 근세의 선배로는 오직 노가재 김창업과 나의 벗 담헌 홍대용이 중원의 한 모퉁이를 밟아 보았다. … 나의 이번 여행에서 더더욱 스스로 행운으로 여기는 점은 장성 밖을 나가서 장성의 북쪽인 막북(漠北)에까지 이르게 된 것이니, 이는 선배들에게 일찍이 없었던 일이다."

35) 박지원, 김혈조 역, 「關內程史」, 『열하일기 1』, 돌베개, 2009, 411~413쪽.

36) 박지원, 김혈조 역, 〈幻戲記後志〉, 「幻戲記」, 『열하일기 3』, 돌베개, 2009, 33쪽.

37) 성경의 예속재와 가상루에서 만나 여러 부류의 중국인들과 만나 나눈 필담은 각각 「속재필담(粟齋筆談)」과 「상루필담(商樓筆談)」에, 땅이 빛나는 까닭과

지전설과 기하학 등 천문과 자연과학에 관해 왕민호(王民皡)와 나눈 말들은 「곡정필담(鵠汀筆談)」과 「망양록(忘羊錄)」에, 요술을 구경한 후 요술의 의미에 관해 조광련(趙光連)과 나눈 필담은 「환희기후지(환희기후지)」 편에 기록되어 있다.

38) 박지원, 김혈조 역, 「鵠汀筆談」, 『열하일기 2』, 돌베개, 2009, 394쪽.

39) 박지원, 김혈조 역, 「漠北行程錄」, 『열하일기 1』, 돌베개, 2009, 457쪽.

40) 이규상, 민족문학사연구소 한문분과 역, 『18세기 조선인물지』, 창작과비평사, 1997, 111쪽.

41) 박지원, 김혈조 역, 「漠北行程錄」, 『열하일기 1』, 돌베개, 2009, 477~478쪽.

42) 김혈조 역, 「열하일기서」, 『열하일기 1』, 돌베개, 2009, 22쪽.

43) 박지원, 김혈조 역, 「漠北行程錄序」, 『열하일기 1』, 돌베개, 2009, 449~450쪽.

44) 김혈조 역, 「審勢編」, 『열하일기 2』, 돌베개, 2009, 285~286쪽. "천하의 우환은 언제나 북쪽 오랑캐에게 있으니, 그들을 복종시키기까지 강희 시절부터 열하에 궁궐을 짓고 몽골의 막강한 군사들을 유숙시켰다. … 서번은 억세고 사나우나 황교(라마교)를 몹시 경외하니, 황제는 그 풍속을 따라서 몸소 자신이 황교를 숭앙하고 받들며, 그 나라 법사(法師)를 맞이하여 궁궐을 거창하게 꾸며서 그들의 마음을 즐겁게 하고 명색뿐인 왕으로 봉함으로써 그들의 세력을 꺾었다. 이것이 바로 청나라 사람들이 이웃 사방 나라를 제압하는 전술이다."

45) 박지원, 김혈조 역, 「關內程史」, 『열하일기 1』, 돌베개, 2009, 440쪽.

46) 박지원, 김혈조 역, 「漠北行程錄」, 『열하일기 1』, 돌베개, 2009, 490쪽.

47) 박지원, 신호열·김명호 역, 「洪範羽翼序」, 『연암집(上)』, 돌베개, 2007, 43쪽. 연암은 「홍범우익서(洪範羽翼序)」에서 "이용(利用)이 있은 후에라야 후생(厚生)

할 수 있고, 후생한 후에라야 정덕(正德)할 수 있다"고 하여 이에 관한 분명한 논리를 피력해 놓았다.

48) 박지원, 김혈조 역, 〈夜出高古口記〉, 「山莊雜記」, 『열하일기 2』, 돌베개, 2009, 478쪽.

49) 박지원, 김혈조 역, 「關內程史」, 『열하일기 1』, 돌베개, 2009, 424쪽. "나는 모른다. 스물하나의 왕조 삼천여 년과, 문자가 생기기 이전에도 또 얼마나 많은 성인이 나와서 자신의 생각을 쥐어짰으며, 얼마나 많은 성인이 눈으로 본 지식을 쏟아 붓고, 얼마나 많은 성인이 귀로 들은 지식을 동원했으며, 몇몇 성인이 제도를 창조하고, 몇몇 성인이 윤색하며, 몇몇 성인이 가공하고 꾸몄는지 나는 알지 못한다, 수많은 성인들이 자신의 생각과 보고들은 지식을 다하고, 새로운 것을 창조, 윤색, 수식한 까닭은 장차 그것으로 자신의 사리사욕을 채우려 한 것인가, 아니면 모든 인민들과 함께 영원히 그 복을 누리려 한 것인가."

50) 박지원, 김혈조 역, 「夜出古北口記」, 『열하일기 2』, 돌베개, 2009, 481쪽. "다만 한스러운 바는 붓은 가늘고 먹물은 말라서 글씨를 서까래만큼이나 굵게 쓰지 못하고, 또 시를 남겨서 장성의 훌륭한 고사를 만들지 못한 점이다. 귀국하는 날에 동리의 사람들이 다투어 술을 들고 와서 서로 위로하고 열하의 행정을 물으면, 이 기문을 끄집어내서 머리를 맞대고 한번 읽으며 책상을 치고 '멋지다!'고 소리를 질러 보리라."

51) 박종채, 박희병 역, 『나의 아버지 박지원』, 돌베개, 1998, 262쪽.

52) 박제가, 이익성 역, 「응지진북학의소(應旨進北學議疏)」, 『북학의』, 을유문화사, 1984, 239~240쪽.

53) 박지원, 신호열·김명호 역, 「답임형오론원도서(答任亨五論原道書)」, 『연암집

(上)』, 돌베개, 2007, 211~212쪽.

54) 박지원, 김혈조 역, 「玉匣夜話」, 『열하일기 3』, 돌베개, 2009, 233쪽.

55) 박지원, 「諸家總論」, 『課農小抄』; 임형택, 「연암의 경제사상과 이용후생론」, 실시학사 편, 『연암 박지원 연구』, 사람의무늬, 2012, 32쪽에서 재인용.

56) 김주수, 「하금우상리소서별지(賀金右相履素書別紙)」, 『바람에 떨어진 고금─연암어록평설』, 문자향, 2009, 176쪽.

57) 박희병 역, 『연암과 선귤당의 대화』, 돌베개, 2010, 217~218쪽.

58) 박희병 역, 『연암과 선귤당의 대화』, 돌베개, 2010, 222쪽.

59) 박희병 역, 『연암과 선귤당의 대화』, 돌베개, 2010, 225쪽.

60) 박지원, 김혈조 역, 〈車制〉, 「일신수필」, 『열하일기 1』, 돌베개, 2009, 268쪽.

61) 박지원, 신호열·김명호 역, 「능양시집서」, 『연암집(下)』, 돌베개, 2007, 62쪽.

62) 박지원, 김명호 편역, 「소완정기(素玩亭記)」, 『지금 조선의 시를 쓰라』, 돌베개, 2007, 238~239쪽.

63) 박희병, 「소완정 기문」, 『연암을 읽는다』, 돌베개, 2006, 362쪽.

64) 박종채, 박희병 역, 『나의 아버지 박지원』, 돌베개, 1998, 37쪽.

65) 박지원, 김명호 편역, 「하야연기(夏夜讌記)」, 『지금 조선의 시를 쓰라』, 돌베개, 2007, 230~231쪽.

66) 김용관, 『그냥 아롱으로 살아라』, 돌을새김, 2010, 93쪽에서 재인용.

67) 박지원, 김혈조 역, 「황도기략」, 『열하일기 3』, 돌베개, 2009, 287쪽.

68) 박지원, 김혈조 역, 「황도기략」, 『열하일기 3』, 돌베개, 2009, 287~288쪽.

69) 박지원, 김혈조 역, 「일신수필」, 『열하일기 1』, 돌베개, 2009, 250쪽.

70) 박지원, 김혈조 역, 「일신수필」, 『열하일기 1』, 돌베개, 2009, 250~251쪽.

71) 박지원, 김혈조 역, 「일신수필」, 『열하일기 1』, 돌베개, 2009, 253~254쪽.

72) 박지원, 김혈조 역,「구외이문」,『열하일기 3』, 돌베개, 2009, 173쪽.

73) 박지원, 김혈조 역,「금료소초」,『열하일기 3』, 돌베개, 2009, 460~479쪽.

74) 박종채, 박희병 역,『나의 아버지 박지원』, 돌베개, 1998, 44쪽.

75) 박지원, 김혈조 역,「피서록」,『열하일기 3』, 돌베개, 2009, 61~66쪽.

76) 박지원, 김명호 편역,「답대구판관이후서형논진정서(答大邱判官李侯瑞亨論賑政書)」,『지금 조선의 시를 쓰라』, 돌베개, 2007, 338~342쪽.

77) 박지원, 신호열·김명호 역,「염재기」,『연암집(下)』, 돌베개, 2007, 92~93쪽.

78) 프란츠 카프카, 전영애 역,『변신·시골의사』, 민음사, 1998, 9쪽.

79) 박지원, 신호열·김명호 역,「선귤당기」,『연암집(下)』, 돌베개, 2007, 98~102쪽.

80) 박지원, 신호열·김명호 역,「명론」,『연암집(中)』, 돌베개, 2007, 80쪽.

81) 김주수,「증좌소산인(贈左蘇山人)」,『바람에 떨어진 고금 - 연암어록평설』, 문자향, 2009, 291쪽.

82) 김주수,『바람에 떨어진 고금 - 연암어록평설』, 문자향, 2009, 221쪽에서 재인용.

83) 김주수,「영처고서(嬰處稿序)」,『바람에 떨어진 고금 - 연암어록평설』, 문자향, 2009, 262쪽.

84) 정민,「새 발굴〈연암선생서간첩〉의 자료적 가치」,『대동한문학』22집, 대동한문학회, 2005, 311~343쪽.

85) 김주수,「과정록(過庭錄)」,『바람에 떨어진 고금 - 연암어록평설』, 문자향, 2009, 273쪽.

86) 김주수,「과정록(過庭錄)」,『바람에 떨어진 고금 - 연암어록평설』, 문자향, 2009, 274쪽.

87) 김주수,「과정록(過庭錄)」,『바람에 떨어진 고금 - 연암어록평설』, 문자향,

2009, 277쪽.

88) 김주수, 「소단적치인(騷壇赤幟引)」, 『바람에 떨어진 고금 – 연암어록평설』, 문자향, 2009, 251쪽.

89) 김주수, 「소단적치인(騷壇赤幟引)」, 『바람에 떨어진 고금 – 연암어록평설』, 문자향, 2009, 254쪽.

90) 최정동, 『연암 박지원과 열하를 가다』, 푸른지식, 2005, 162쪽.

91) 박지원, 김혈조 역, 「審勢編」, 『열하일기 2』, 돌베개, 2009, 278쪽.

92) 박지원, 김명호 편역, 「여초책(與楚幘)」, 『지금 조선의 시를 쓰라』, 돌베개, 2007, 324쪽.

93) 김명호, 「연암의 실학사상에 미친 서학의 영향」, 재단법인 실사학사 편, 『연암 박지원 연구』, 사람의무늬, 2012, 98~99쪽.

94) 박종채, 박희병 역, 『나의 아버지 박지원』, 돌베개, 1998, 49쪽.

세창사상가산책 **16** | 박지원